Le Comité Départemental du Tourisme

vous présente

Balades en Loire-Atlantique

Éditions Ouest-France

13, rue du Breil, Rennes

Préface

MARCHER, se promener, randonner. C'est aussi prendre le temps de regarder, de sentir et d'écouter. Il fait si bon s'attarder en chemin, pour mieux connaître et percevoir ce qui nous entoure, comprendre, être touché et s'émerveiller. Parce que tous ces plaisirs sont permis et que la Loire-Atlantique leur donne toute bonne raison d'exister, ce guide est une invitation à les vivre.

Des sentiers des douaniers aux rives de la Loire, des marais aux coteaux du vignoble, ces itinéraires vous emmènent à la rencontre des paysages et de leur histoire, sur les pas des hommes qui les ont modelés. Traditions et légendes ont laissé leur empreinte sur les chemins, et s'offrent aux randonneurs. Il ne reste plus qu'à leur emboîter le pas et se laisser porter.

Puisse ce guide vous inciter à vivre pleinement ces randonnées.

Je vous invite à l'aventure et vous souhaite les plus belles balades que la Loire-Atlantique puisse vous offrir.

Philip Squelard,
président du Comité départemental du tourisme de Loire-Atlantique, conseiller général, maire de Trans-sur-Erdre

Choisir
sa balade

LA PLUPART des circuits proposés dans cet ouvrage ne présentent pas de difficultés particulières, et sont accessibles au plus grand nombre.

La présentation des circuits dans ce guide vous invite à découvrir le patrimoine de Loire-Atlantique au travers de sept grandes thématiques : *la côte atlantique ; La Loire et sa vallée ; Patrimoine maritime et fluvial ; Les marais ; Les jardins du Val de Loire ; Terre de fer et ciel de feu ; La campagne.*

Il ne s'agit que d'un regard de l'auteur, et le lecteur ne devra pas s'attendre à une description exhaustive de ce qu'il rencontrera sur les chemins.
Après votre balade, et quel que soit votre chemin, il vous restera encore beaucoup à découvrir.
Pour faciliter le choix de votre balade, un répertoire des balades, une carte des circuits ainsi qu'un mode d'emploi vous sont proposés dans les pages suivantes.

Répertoire
DES BALADES

Il vous présente les principales caractéristiques techniques (distance - durée - variante - type de randonnée) de l'ensemble des circuits proposés dans cet ouvrage. Pour faciliter votre recherche et localiser facilement votre balade sur la carte, un numéro repère (de 1 à 52) est attribué à chacun des circuits.

N° et nom du circuit	Distance	Durée	Randonnée	Variante 1	Variante 2	Page
1 • Le traict de Pen Bé	19 km	4 h 45	P	12 km	-	14
2 • Les granits de Batz	13 km	3 h 15	P	7 km	4 km	16
3 • La Petite Marchande	10 km	2 h 30	P E V	-	-	18
4 Plages et bocages	17 km	4 h 15	P E V*	11 km	-	20
5 • Circuit des sources et des moulins	13 km	3 h 15	P V	9 km	8 km	22
6 • Tour de Préfailles	14 km	3 h 30	P	-	-	24
7 • Circuit de la campagne et du Collet	17 km	4 h 15	P E V*	11 km	6,5 km	26
8 • Les quatre vallées	7,6 km	2 h	P E V	-	-	32
9 • Belvédère de l'estuaire	12 km	3 h	P V	11 km	-	34
10 • La boucle du Sillon	11 km	2 h 45	P E V	-	-	36
11 • La vallée de Bouguenais	15 km	3 h 45	P V	10 km	-	38
12 • Circuit des coteaux	15 km	3 h 45	P	9,5 km	-	40
13 • Le Bois-Vert et la Grande-Prée	16 km	4 h	P E V	12 km	-	42
14 • Les coteaux de Bray	14 km	3 h 30	P E V	-	-	44
15 • Le canal de la Martinière	20 km	5 h	P E V*	16 km	6 km	50
16 • Les îles d'Indre	13,5 km	3 h 20	P E V	-	-	52
17 • Les arcades	7 km	1 h 45	P	-	-	54
18 • Le lac de Vioreau	12,5 km	3 h	P	9 km	-	56
19 • Circuit des carrières et des sites	17 km	4 h 15	P	8,5 km	-	58
20 • Le chêne de la Messe	12 km	3 h	P	-	-	60
21 • Le dolmen de la Roche aux Loups	12 km	3 h	P E V	6 km	-	66
22 • Sentier de la Ferme-École	14 km	3 h 30	P E V	8 km	-	68
23 • De Crossac à Saint-Reine-de-Bretagne	18 km	4 h 30	P	10 km	-	70

24 • Circuit des migrateurs	14 km	3 h 30	P E V	-	-	72
25 • Le Grand Chemin	23,5 km	6 h	P E V	-	-	74
26 • Circuit des marais	12 km	3 h	P E V	7,3 km	-	76
27 • La Pierre-Tremblante	9 km	2 h 15	P E V	-	-	78
28 • La Loire	10 km	2 h 30	P	4 km	-	84
29 • Entre champs et Divatte	16 km	4 h	P	9 km	-	86
30 • Circuit des moulins et de l'Ouen	15 km	3 h 45	P	8 km	4 km	88
31 • Circuit des ombrages	17 km	4 h 30	P	-	-	90
32 • La Sèvre et la Sanguèze	15 km	3 h 45	P	8 km	7 km	92
33 • Circuit des moulins	11 km	2 h 45	P	-	-	94
34 • Soif de nature	13 km	3 h 15	P	3,5 km	-	96
35 • La mine	6,5 km	1 h 30	P	-	-	102
36 • Les manoirs	11,5 km	3 h	P	-	-	104
37 • La lande du Don	12 km	3 h	P	6 km	-	106
38 • La Cône	15 km	3 h 45	P	11 km	6 km	108
39 • Les deux clochers	16 km	4 h	P	5 km	-	110
40 • Étangs et calvaires	13 km	3 h 15	P E V*	-	-	112
41 • Le Haut-Pays	14 km	3 h 30	P V	-	-	114
42 • Sentier de l'Abbaye	10 km	2 h 30	P	-	-	120
43 Les Hauts-Bois	10 km	2 h 30	P V	-	-	122
44 • Les moulins	10,5 km	2 h 30	P E V	-	-	124
45 • La vallée du Don	21 km	5 h 15	P E V	17,5 km	16 km	126
46 • Le Pirudel	20 km	5 h	P V	4 km	-	128
47 • Les landes	22 km	5 h 30	P E V	-	-	130
48 • Les chemins creux	13,5 km	3 h 20	P E V	-	-	132
49 • Entre Gesvres et Cens	16 km	4 h	P E V	-	-	134
50 • La vallée du Gesvres	10 km	2 h 30	P E V	-	-	136
51 • Circuit de la fontaine	15 km	3 h 45	P E V*	10 km	-	138
52 • Les menhirs	8 km	2 h	P E V	-	-	140

P : accessible aux randonneurs pédestres.
E : accessible aux randonneurs équestres.
V : accessibles aux vététistes.
* Certaines portions de ces itinéraires peuvent être réservées exclusivement à un usage pédestre (cas du sentier littoral notamment). Dans ce cas, un itinéraire de substitution est généralement accessible aux autres utilisateurs.

Mode d'EMPLOI

Numéro et nom de la balade.

Longueur du circuit et durée de la marche.

Pratiques autorisées :

pédestre,

équestre,

VTT/VTC.

Se rendre sur place.

Couleur de balisage.

Recommandations.

Prévoir des bottes

Prévoir des jumelles

Patrimoine à découvrir en chemin.

À découvrir à proximité.

Descriptif de la balade.

CIRCUIT **24**

Circuit des migrateurs

14 km • 3 h 30

Localisation

Bourgneuf-en-Retz à 40 km au sud-ouest de Nantes par la D 758 (Noirmoutier).

Accès au départ

Table d'orientation de Saint-Cyr-en-Retz. Suivre le panneau « Point de vue » à partir de la mairie.

Jaune.

Zones humides en bordure de marais.

Prévoir

A voir

- Point de vue sur Le Marais breton
- Moulin à vent de l'Arzelier (1696).
- Faune et flore du marais.

A faire

- Le musée du pays de Retz, 02 40 21 40 83.
- Sortie-découverte de la faune et de la flore, Office de tourisme, 02 40 21 93 63.

Entre marais et campagne, un paysage à découvrir en compagnie des oiseaux.

Iris des marais.

au fil du parcours

Descendre vers le marais. Tourner à gauche avant le cimetière et traverser la D 13. Emprunter la rue de la Grande-Charrau et partir à la découverte du marais.

1 Prendre à droite pour passer au milieu des étiers et poursuivre tout droit jusqu'à la D 80. Tourner à gauche et, 400 m plus loin, à droite, et encore à droite au carrefour de la Bouie.

2 50 m avant le village Le Toit, bifurquer à droite dans les marais et continuer tout droit. Laisser le premier pont en béton sur votre droite et emprunter le second. Se diriger vers la Fortinière, traverser le village puis la D 13, et continuer vers les moulins de l'Arzelier et du Coteau.

3 Quitter le chemin stabilisé pour un sentier vert sur la droite. A son extrémité, tourner à gauche et, 100 m plus loin, à droite, vers Le Cloître et la D 80. Au carrefour, continuer en face et encore tout droit à l'intersection suivante.

4 A un double embranchement, tourner d'abord à droite et aussitôt à gauche. 100 m plus loin, prendre à droite et rejoindre la table d'orientation.

Saint-Cyr-en-Retz.

72 / Les marais

CARTE

Le tracé est indiqué sur la carte.

(variante en pointillé rouge).

■ Réf. carte : IGN série bleue 1124 E

Carte IGN correspondante.

Le Marais breton

Port jusqu'au XVIIe siècle, Bourgneuf-en-Retz devait sa richesse à l'exportation du sel de ses marais. En partance vers la Baltique, l'Irlande et la péninsule Ibérique, des centaines de navires y transitaient. Au fil des siècles, la côte a reculé de quatre kilomètres. Par les dépôts alluvionnaires de la Loire, la baie de Bourgneuf s'est envasée, le golfe parsemé d'îlots a disparu et les marais salants furent abandonnés. Ainsi s'est formé le Marais breton, étendue sauvage d'étiers et de prairies bordées de saules et de roseaux. Le nom des ports et des hameaux rappelle l'ancienne présence de l'Océan et la conquête du site par les moines cisterciens. Au mois de mars, les oiseaux migrateurs balaient le paysage.

Informations touristiques.

Le Marais Breton

Circuit des migrateurs / 73

INFORMATIONS techniques

> Durée de la balade

La durée de chaque circuit est donnée à titre indicatif. Elle correspond à une marche effective, sans pause ni arrêt, accomplie à la vitesse de 4 km à l'heure en plaine.

> Descriptif et balisage des circuits

L'ensemble des circuits sélectionnés dans cet ouvrage sont balisés sur le terrain, soit par des « marques de peinture », en référence à la charte du balisage de la Fédération française de randonnée, ou des panneaux directionnels mis en place à l'initiative des communes. Le balisage des itinéraires a fait l'objet d'une vérification rigoureuse.

La description faite correspond au parcours tel qu'il a été proposé au moment de l'édition de cet ouvrage. En cas de modifications du parcours, rendues nécessaires par l'exploitation agricole ou forestière, les remembrements ou les travaux routiers, nous vous conseillons de suivre le nouveau balisage mis en place, qui ne correspondra plus alors à la description initiale.
Les renseignements fournis ne sont donc donnés qu'à titre indicatif et n'engagent, en aucun cas, la responsabilité du Comité départemental du tourisme. Toutefois, nous vous invitons à nous signaler tous changements ou toutes difficultés, que vous pourriez constater. Celles-ci seront intégrées lors de la réédition.

> Itinéraires et sécurité

Les itinéraires ont été conçus de manière à vous garantir un maximum de sécurité au cours de vos randonnées.

Néanmoins, certains passages traversant ou empruntant des routes plus fréquentées n'ont pu être évités. Nous ne saurions trop vous conseiller la plus grande prudence lors de la traversée des routes et le plus grand respect du Code de la route tout au long de vos excursions. Celles-ci sont entreprises sous votre entière responsabilité et n'engagent en aucune manière celles de l'éditeur et du Comité départemental du tourisme. Il en est de même pour les accidents de toute nature pouvant survenir aux utilisateurs lors de leurs randonnées.

Nous vous conseillons de souscrire à une assurance « responsabilité civile » couvrant votre pratique

> Équipement

Nous vous conseillons de préparer votre randonnée en étudiant le parcours à l'aide de la fiche pratique correspondante.
En Loire-Atlantique, et notamment dans les circuits au bord de l'eau, les chemins sont souvent humides et donc boueux. Nous vous recommandons de toujours prévoir des chaussures imperméables ou des bottes, ainsi qu'un vêtement de pluie et un chapeau. Il est préférable de prévoir de l'eau et des fruits et de ne pas partir trop tard dans la journée.

Avant de partir, pensez à consulter la météo (08.36.68.02.44).

Recommandations

Certains circuits traversent des milieux fragiles et empruntent des sentiers privés, sur lesquels leurs propriétaires nous autorisent cordialement le passage.

Pour que se poursuivent nos balades :
– nous respectons la tranquillité des sites et des autres usagers (agriculteurs, pêcheurs, joggers, chasseurs, canoéistes…) ;
– nous tenons les chiens en laisse ;
– nous respectons la nature ;
– nous refermons, au besoin, les barrières après ouverture. Elles protègent les animaux et les cultures ;
– nous repartons avec ce que nous avons amené.

Randonnée sur la côte aux Moutiers-en-Retz.

La côte atlantique

CAP à l'ouest. Le grand large. La Loire-Atlantique le connaît bien. Au moins peut-elle en rêver à son aise depuis ses plages, ses baies et ses criques, ses pointes, ses grottes et ses falaises. D'Assérac aux Moutiers, son littoral s'étire sur plus de 130 km chevauchant le granit, le long de la lande ou la dune, parfois accompagné d'ajoncs et de genêts, en surplomb des vagues qui fouettent la roche ou caressent la grève. Un chemin des douaniers l'accompagne sur presque toute sa longueur, contourne un château, fait silence à l'approche d'une nichée de goélands et s'inter-

rompt devant une flottille de bateaux de pêche ou au pied d'une station balnéaire, pour repartir de plus belle. A mi-chemin, la Loire coupe en deux ce long cordon littoral et, de l'autre côté du pont de Saint-Nazaire qui enjambe l'estuaire, la côte d'Amour cède la place à la côte de Jade. Cabines de plage, jeux de ballon et parties de pêche dans les rochers ! Des enfants à genoux dans les vagues ! La construction des châteaux de sable traverse les siècles.

A table !

Tout a commencé vers les années 1850 avec les vertus clamées des bains de mer, les bienfaits de l'iode et la quête citadine du grand air. Les écrivains, Flaubert, Sand, Balzac, ne se privent pas d'assurer la réputation des premières stations et l'arrivée du chemin de fer se charge du reste, poussant d'un coup la porte du tourisme balnéaire. Piriac-sur-Mer, Le Croisic, Le Pouliguen, La Baule, Pornichet, Préfailles, Pornic... ne comptent bientôt plus leurs somptueuses villas de vacances. La nouveauté n'empêche pas la tradition et les activités maritimes continuent

Marais salants à Guérande.

Voile à Tharon Plage.

de rythmer la façade atlantique. Chalutiers, parcs à huîtres, pêcheries, salines portent les fruits de la mer. La mouette raccompagne chaque jour le pêcheur à bon port et l'aigrette-garzette veille sur le pays du sel.

Sous la tempête, silencieux, les rochers de la côte se font les témoins de ce spectacle quotidien. Ils ont connu bien des tourments, dont les souvenirs sont gravés dans la pierre. Refuges naturels pour les caboteurs au temps des pirates, ils furent fortifiés à Pornichet et au Pouliguen pour

Chalutier.

Récolte du sel.

protéger la baie de La Baule et, à Pornic, pour mettre fin au trafic de contrebande du sel. Pendant la Seconde Guerre mondiale, les troupes allemandes se servirent d'eux et camouflèrent des blockhaus, pour bâtir leur long mur de l'Atlantique.

Aujourd'hui, le littoral ne regarde plus que le grand large. Cap à l'ouest, au rythme des vagues, du vent et des marées, des rires et des joies de l'été.

Jeu de cordages et matelotage.

Pêcheries à Saint-Michel-Chef-Chef.

Le traict de Pen Bé

Genêts.

19 km • 4 h 45

VARIANTE 1 : 12 km • 3 h

Localisation

Assérac à 12 km au nord de Guérande par la Route bleue puis D 83.

Accès au départ

Parking, place de l'Eglise.

Jaune.

Sentier côtier réservé exclusivement aux piétons.

A voir

- Pointe et traict de Pen Bé.
- Bassins ostréicoles.

A faire

- Visite d'une saline et des parcs ostréicoles, Office de tourisme de Mesquer, 02 40 42 64 37.

Une côte sauvage où se mêlent haies bocagères, sous-bois et criques de sable fin dans un subtil parfum d'odeurs marines.

au fil du parcours

Du parking, face à l'église, descendre vers l'étang, bifurquer à gauche, puis à droite jusqu'au Traverno. Au calvaire, tourner à droite et rejoindre la D 83. La suivre sur 50 m, prendre à gauche et continuer tout droit.

1 A Bel-Air, tourner à droite et rejoindre la D 83. Au stop, prendre à gauche, puis le chemin à droite 300 m plus loin. Contourner la prairie et, au sous-bois, tourner à gauche pour suivre le chemin d'exploitation jusqu'à la Croix-Rouge. Continuer en face et, à l'intersection en fourche, prendre à gauche pour traverser le village de Kérarno.

2 300 m après le village, prendre à gauche le chemin stabilisé et, au bout, tourner à droite pour traverser l'ancien marais. En haut, tourner à gauche vers Limarzel. Dans le village, prendre à droite et poursuivre tout droit jusqu'à Pont-Mahé. Au stop du camping, traverser la D 82 et se diriger vers l'Océan.

3 A la plage de Pont-Mahé, prendre à gauche le sentier des douaniers.

4 Continuer le long du littoral, contourner la pointe de Pen Bé et longer la baie jusqu'aux bassins ostréicoles.

Bernaches en vol.

■ Réf. carte : IGN top 25 1022 OT

5 Après les bassins, tourner à gauche et, à Kergéraud, prendre à droite. Suivre la route, passer Brésibérin, Kernay et continuer tout droit en empruntant la rue du Parc-Guilloré. Au stop de la D 33, tourner à gauche pour rejoindre l'église.

Variante : En **1** prendre à gauche le sentier balisé en jaune puis à droite le sentier balisé en jaune et rouge pour rejoindre le circuit en **4**.

Pen Bé

La pointe de Pen Bé marque l'entrée du traict, véritable mer intérieure qui, à marée haute, alimente en eau les marais salants de Mesquer. La marée basse découvre les parcs à huîtres et attire un grand nombre d'oiseaux limicoles, qui viennent se nourrir dans les vasières. Depuis la pointe, où une croix commémore la création d'un prieuré au XIe siècle, la vue s'étend sur ce milieu marin, d'une grande richesse écologique, et sur les terres agricoles, derrière les landes du littoral.

Les granits de Batz

Tour Saint-Guénolé.

13 km • 3 h 15

VARIANTE 1 : 7 km • 1 h 45
VARIANTE 2 : 4 km • 1 h

Localisation

Batz-sur-Mer à 5 km à l'ouest de La Baule-Escoublac par la D 45.

Accès au départ

Place du Mûrier, entre l'église et la place Saint-Michel.

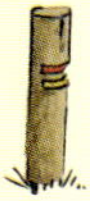

Jaune.

Prudence, passages difficiles.

A voir

- Chapelle Notre-Dame-du-Mûrier (XVe s.).
- Eglise Saint-Guénolé (XVe s.).
- La Grande Salorge (1886).
- Le Grand Blockhaus (1943).
- Moulin de la Falaise (XVIe-XXe s.).
- La baie des Bonnes-Sœurs.

A faire

- Musée des Marais salants, 02 40 23 82 79.
- Musée du Grand Blockhaus, 02 40 23 88 29.

Entre salorges et côte sauvage, des murets en pierres sèches conduisent à la douceur du sable et au bleu de l'Océan.

au fil du parcours

Du parking, descendre vers la plage.

1 Tourner à droite et longer la côte en direction de la plage Valentin.

2 Emprunter les rues des Sables, des Cormorans, des Dunes et prendre à droite la rue des Tamaris. Remonter la rue du Prieuré et passer entre la chapelle Notre-Dame-du-Mûrier et l'église Saint-Guénolé. Prendre à gauche rue Saint-Jean, rue des Prêtres, rue des Torrents et, encore à gauche, rue Jean-de-Laisne. Traverser, longer la salorge et tourner à gauche - A voir le moulin de la Falaise. Emprunter le passage à niveau et bifurquer à droite. Repasser sous la voie SNCF et remonter rue du Traict jusqu'au musée des Marais salants. Continuer en face et prendre à gauche, à l'école. Au bout de la ruelle, tourner à droite, puis à gauche, rue du Vicariot et, encore à gauche, rue Maupertuis. Puis, emprunter à droite le chemin de Kernebon et, à gauche, la rue de Poulan. Remonter le lotissement par la rue du Temps Perdu. A sa sortie, prendre d'abord à gauche et, aussitôt à droite, le chemin des Aubépines.

Marais salants de Batz-sur-Mer.

■ Réf. carte : IGN top 25 1023 OT

La côte sauvage.

3 A la route de Kerlan, tourner à droite vers le blockhaus, puis à gauche, route du Dervin. Passer devant le Grand Blockhaus et prendre à gauche, impasse du Pré-de-la-Côte. Avant le village de Kerdréan, prendre à droite puis à gauche à la route suivante. Emprunter la rue du Vieux-Moulin et, au bout du chemin, tourner à droite. Au chemin de Codan, prendre à droite, puis à gauche entre les maisons. S'engager chemin de la Govelle ; à la route, tourner à droite, puis à gauche pour rejoindre la plage.

4 Au poste de secours, prendre à droite pour longer la côte jusqu'à la plage Saint-Michel en **1** et remonter la rue de la Plage pour rejoindre la place du Mûrier.

Variante 1 : Après le Grand Blockhaus, tourner à droite pour longer la côte jusqu'en **1**, puis rejoindre le départ.
Variante 2 : En **2** une fois arrivé au bout de la rue Vicariot, tourner à droite pour rejoindre le départ.

Chapelle Notre-Dame.

L'or blanc de Batz-sur-Mer

Entre Océan et marais salants, Batz-sur-Mer fut longtemps un important centre de négoce du sel, rassemblant dans ses hameaux la plupart des paludiers de la presqu'île. Au XIXe siècle, la concurrence des salines du Midi et l'essor du tourisme balnéaire mirent toutefois un terme à ce commerce et l'on décida de tirer parti du granit du littoral. Les carrières de la baie des Bonnes-Sœurs, par exemple, fournirent la pierre nécessaire à la construction des villas des stations du littoral.
La tour Saint-Guénolé, à 70 m au-dessus du niveau de la mer, permet par un escalier intérieur de découvrir les marais salants et Noirmoutier.

La Petite Marchande

La Baule

10 km • 2 h 30

Localisation

La Baule-Escoublac à 70 km à l'ouest de Nantes par la N 171 (Saint-Nazaire) puis la D 392.

Accès au départ

Parking, place de l'église d'Escoublac et départ sur la place de la Mairie.

Bleu.

Prudence lors de la traversée des routes.

A voir

- Eglise Saint-Pierre d'Escoublac (1786).
- Le Bois d'Amour et sa dune de 52 m.

A faire

- Le Tropicarium-Bonsaï, 02 40 61 20 30.

A quelques pas de l'Océan et de sa plage de sable fin, un circuit qui vous mène de ferme en hameau dans un havre de nature.

au fil du parcours

Sortir par le fond du jardin de la mairie. Prendre à droite et longer le mur du cimetière jusqu'à l'avenue de la Forge. La prendre à droite et déboucher avenue Henri-Bertho. La traverser et, un peu à droite, entrer dans l'avenue de Mésoré. Parcourir environ 1 km.

Jacinthe des bois.

1 Traverser l'avenue de la Jo, entrer dans la forêt et prendre tout de suite à droite le petit sentier jusqu'au boulevard de Cacqueray.

2 Traverser le boulevard de Cacqueray et prendre le Parcours santé sur 100 m. A la hauteur d'une barre fixe, tourner à gauche et continuer tout droit. Un peu avant la route, tourner à droite. Longer le camping sur 100 m. Emprunter un petit pont, prendre le petit chemin à droite le long du ruisseau puis, à gauche, celui qui remonte jusqu'à l'avenue de la Morandais. Au stop, traverser la route et prendre à droite avenue de la Morandais sur 100 m.

3 Tourner à gauche et remonter un sentier puis une avenue sur 100 m. Au bout de celle-ci, monter les marches et rejoindre un carrefour. Suivre l'avenue des Trois-Fontaines et prendre la troisième à droite, chemin du Parc-au-Mil.

4 Au croisement, traverser et prendre en face la route des Quatre-Saisons. Passer sous le pont de la Route bleue, prendre le chemin en face et le suivre jusqu'à la route - *Pour éviter ce chemin parfois en mauvais état, continuer sur la route jusqu'au château d'eau, tourner alors à droite et continuer jusqu'au débouché du chemin.* A la sortie de ce chemin, prendre la route à droite puis, à gauche, le deuxième chemin. Traverser une route et continuer tout droit.

5 Prendre à droite le chemin qui se confond plus loin avec le GRP de Brière. Au carrefour dans le hameau d'Avrillac, prendre la route en face et marcher jusqu'à la première route à droite.

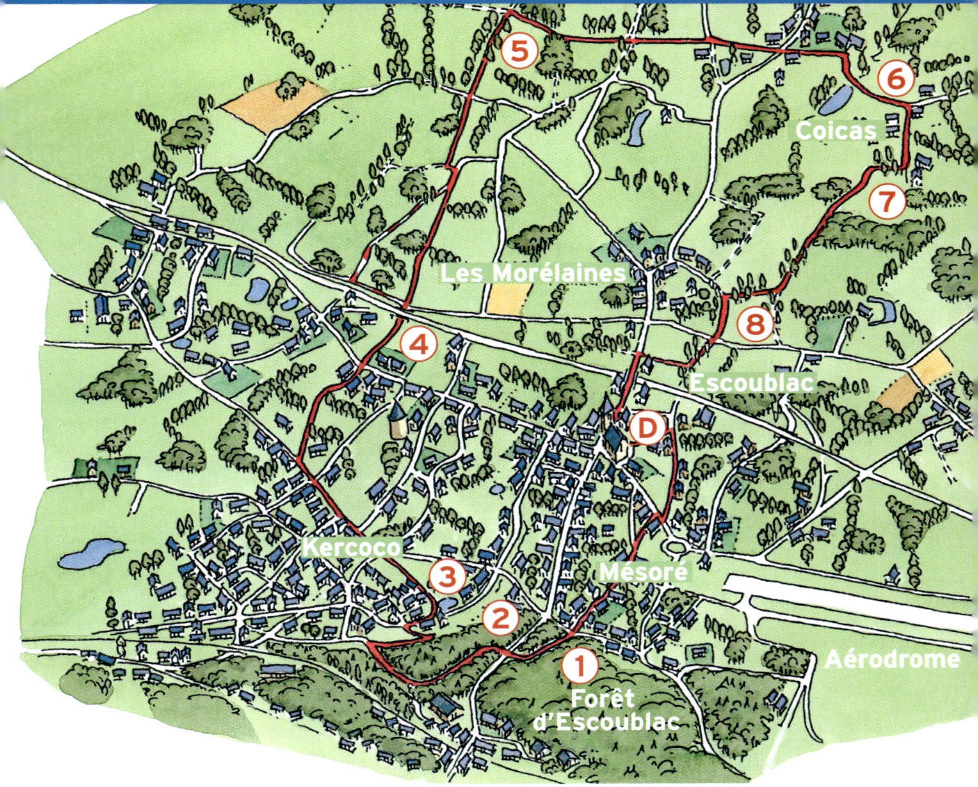

Réf. carte : IGN top 25 1022 et 1023 OT et 1123 OT

6 Abandonner le GRP et tourner à droite jusqu'à la ferme de Coicas.

7 Face au bâtiment de la ferme, prendre le petit sentier à droite, qui débouche 1,5 km plus loin sur la route de la Saudraie.

Le Bois d'Amour.

8 Franchir cette voie et prendre en face le chemin des Morélaines jusqu'à la route. La prendre à gauche, franchir le pont sur la Route bleue et revenir à l'église d'Escoublac.

Hors circuit : Découverte de l'histoire du village enseveli et de la dune. En **2**, à l'entrée du bois, accès au circuit du Bois d'Amour.

Un village sous la dune

Il était une fois une « bôle », vaste prairie inondable, dominée par le village d'Escoublac. Un bourg bien malchanceux qui, abandonné au XVIe siècle, connut un sort similaire quelque deux cents années plus tard. C'était en 1750, le jour où une impitoyable tempête engloutit le village sous le sable. Mais, à force de courage et de passion, les hommes reconstruisirent un troisième et dernier village. Sur la dune qui continuait d'avancer dans les terres, des pins furent plantés à partir de 1861. Cette forêt salvatrice est aujourd'hui un lieu de détente, sillonnée de sentiers et de pistes cavalières. Un calvaire commémore le vieil Escoublac enseveli.

CIRCUIT **04**

Plages et bocages

Villa.

Entre les prairies et les plantations de chênes verts, des chemins ombragés vous conduisent aux plages de sable fin bordées de villas balnéaires du début du siècle.

17 km • 4 h 15

VARIANTE : 11 km • 2 h 45

Localisation

Pornichet à 70 km à l'ouest de Nantes par la N 171 (Saint-Nazaire) puis la D 392.

Accès au départ

Au rond-point de la Pêcherie, prendre à gauche direction Ermur et une seconde fois à gauche, pour rejoindre le chemin de Baudry.

Jaune.

Sentier côtier réservé exclusivement aux piétons.

A voir

• Point de vue « La baie de La Baule », la lande de Cavaro, site de dunes et de chênes verts • le port • fortifications de la pointe du Bec (XVIIIe s.) • les villas balnéaires.

A faire

Découverte du vieux Pornichet et des villas balnéaires de la Belle Epoque, Office de tourisme, 02 40 61 33 33.

au fil du parcours

Emprunter le chemin de Baudry vers le nord et, aux trois premières intersections, tourner à gauche. Suivre le chemin d'exploitation jusqu'à la route. Prendre à gauche et longer à droite la voie express. Franchir la passerelle et continuer vers la Villès-Bouget. S'engager route du Parc-de-la-Fontaine et, 500 m plus loin, bifurquer à droite.

1 A l'aire de loisirs des Forges, prendre route de la Prière puis, à droite, chemin des Grandes-Fraîches. Suivre le chemin empierré. Emprunter à droite la route du Haut-Bignon-Joli puis, à gauche, chemin du Pissot. Avant la voie express, tourner à droite, et encore à droite après la passerelle. A la sortie, prendre à gauche, chemin de la Monnerie.

2 Tourner à gauche vers la voie express, passer dessous et reprendre à gauche vers Sainte-Marguerite. 25 m plus loin, tourner à gauche puis prendre la première à droite et continuer jusqu'à l'intersection du chemin de Treffiou. Prendre à gauche puis tout de suite à droite. A l'intersection des Poulhauts, prendre à droite. Dans le sous-bois, tourner à gauche puis à droite deux fois de suite. Traverser la lande de Cavaro et, à sa sortie, prendre à gauche, avenue du Grand-Charpentier. Emprunter le passage souterrain et, à droite, rejoindre la mer.

3 A la plage Sainte-Marguerite, tourner à droite et, à sa sortie, prendre à gauche le sentier côtier. Dépasser la table d'orientation et suivre le caillebotis de la dune. Au bout, reprendre la plage et s'engager avenue du Commandant-Boitard, passer devant la chapelle Sainte-Anne et tourner à gauche pour rejoindre le port.

Mouettes.

■ Réf. carte : IGN top 25 1023 OT

4 Traverser le rond-point, prendre à gauche puis, à droite, avenue du 18-Juin-1940. Passer devant les halles. Emprunter l'avenue Gambetta, puis longer la place du 8-Mai-1945 et prendre à gauche le long de l'hippodrome. Au rond-point, reprendre direction Ermur pour rejoindre le chemin de Baudry.

Variante : En **2**, tourner à droite et suivre le balisage vert pour rejoindre le départ.

Port de plaisance à Pornichet.

Porte de la baie

À l'entrée de la baie de La Baule-Escoublac, Pornichet prend son essor avec l'arrivée du chemin de fer en 1879. Les « trains de plaisir » amènent de nombreux voyageurs, attirés par les fameux bains de mer. Village d'une centaine d'habitants, il atteint le millier au début du XXe siècle et accueille déjà près de huit mille estivants ! Des personnalités du monde des lettres, comme les frères Flammarion, en font sa renommée et c'est à eux que la station doit son appellation de « plage des libraires ». Les nombreuses et belles villas de Pornichet datent de cette époque. Après la pointe du Bec, en direction de Saint-Nazaire, le château des Tourelles fut l'une des toutes premières bâtisses de la côte, construit en 1830.

Circuit des sources et des moulins

13 km • 3 h 15

VARIANTE 1 : 9 km • 2 h 15
VARIANTE 2 : 8 km • 2 h

Localisation

Saint-Michel-Chef-Chef à 60 km au sud-ouest de Nantes par la D 751 (Pornic) puis la D 273.

Accès au départ

Parking de la mairie.

Bleu - Vert.

Sentier côtier réservé exclusivement aux piétons.

A voir

- Sources de Comberge et de Gibraltar (début xxe s.).
- Menhirs de la Pierre.
- Attelée et du Boivre.
- Nombreux moulins.
- Pêcheries.

A faire

Visite du magasin d'usine des Galettes Saint-Michel, 02 51 74 75 44.

De la côte de Jade, avec ses falaises de schiste et ses nombreuses pêcheries, ce circuit vous amène à la découverte des moulins au cœur des haies bocagères.

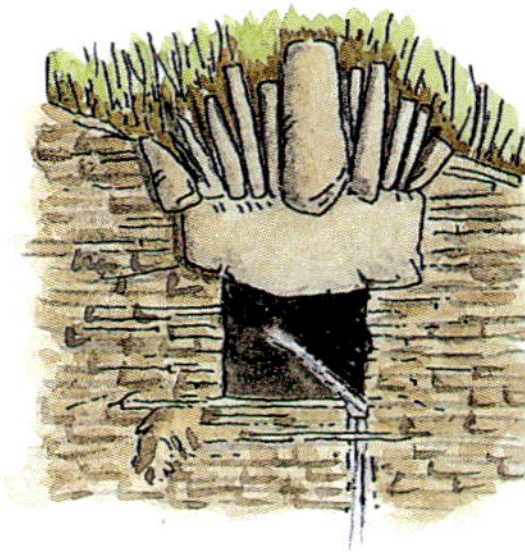

Sources de Comberge.

au fil du parcours

A la sortie de parking, se diriger à gauche vers le centre-ville (balisage bleu). Au rond-point, prendre direction Tharon-Plage et, 150 m plus loin, tourner à droite.

1 Prendre à gauche le chemin vers Bel Essor (balisage vert).

2 Tourner à droite, emprunter l'avenue de la Plage jusqu'au port de Comberge. Puis longer la mer vers le nord par l'estran, où deux sources bordent la plage ou le remblai suivant la marée.

3 Après les pêcheries, passer sous le tunnel et, 50 m plus loin, tourner à gauche pour rentrer dans le bois de la Pierre-Attelée. A la sortie du bois, continuer tout droit jusqu'à la Route bleue.

4 Emprunter le boviduc et suivre le balisage bleu. Passer près du menhir du Boivre et du moulin de la Sicaudais. Après le Prouhaud, traverser la D 78.

5 50 m après le carrefour, tourner à gauche et continuer tout droit.

6 Tourner à droite vers le moulin de Proutière.

Pêche au carrelet à Saint-Michel-Chef-Chef.

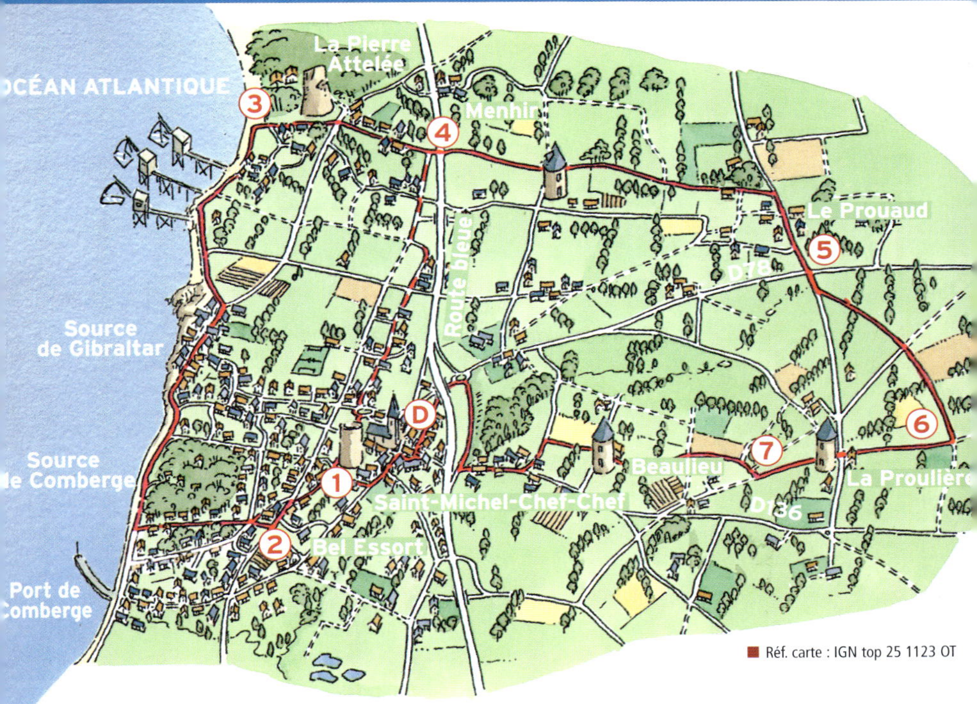

■ Réf. carte : IGN top 25 1123 OT

7 400 m après le moulin, prendre un chemin à droite. Laisser le moulin de Beaulieu sur la gauche et continuer tout droit jusqu'à une petite route. Tourner à gauche vers l'Aubaudière, puis à droite vers Saint-Michel-Chef-Chef. Passer sous le tunnel pour rejoindre la mairie.

Galette Saint-Michel.

Variante 1 : En **1**, rejoindre le circuit en **4**.
Variante 2 : En **4**, rejoindre le circuit en **1** et retour mairie. Balisage vert.

Les plaisirs de l'eau

A l'aube du tourisme balnéaire, le littoral du pays de Retz attire un grand nombre de curistes venant se régénérer aux nombreuses sources ferrugineuses découvertes au XIXe siècle. Le bienfait de leurs eaux était reconnu et l'usage médical autorisé. À Saint-Michel-Chef-Chef, la source de Comberge, sur la plage du même nom, est l'une d'elles. La vogue des bains de mer contribua ensuite au développement de la station, qui grandit avec l'arrivée du chemin de fer.

La côte, la nuit à Saint-Michel-Chef-Chef.

Tour de Préfailles

14 km • 3 h 30

Localisation

Préfailles à 10 km au nord-ouest de Pornic par la D 13 ou la D 751…

Accès au départ

La Grande Plage, direction Préfailles centre.

Jaune.

Sentier côtier réservé exclusivement aux piétons.

A voir

- Point de vue « La baie de la pointe Saint-Gildas ».
- Radiophare (vers 1850).
- La Roche percée.
- La source de Port-Meleu.
- Blockhaus (1943-1944).

A faire

En saison, sortie nature, Office de tourisme, 02 40 21 62 22.

La beauté de la côte de Jade entre criques rocheuses, petites plages, prairies et cultures.

Goéland.

au fil du parcours

Longer la plage sur la droite et suivre la côte jusqu'à la pointe Saint-Gildas, en passant près de la table d'orientation au niveau du sémaphore. Contourner la pointe et reprendre la côte vers le nord jusqu'à la Prée.

1 A la Prée, prendre à droite rue de l'Ilot et, 50 m plus loin, encore à droite, chemin de la Prée. Continuer tout droit et traverser la D 313. Emprunter le chemin de la Fossette et, au Bois-Roux, prendre en face, rue de la Fosse-Auray. Puis tourner à gauche dans le chemin des Agneaux, suivi de la rue du Docteur-Drouart et se diriger vers le château d'eau. Continuer à gauche sur le chemin empierré.

2 A sa sortie, longer la D 313 vers La Plaine-sur-Mer sur 50 m et bifurquer à droite pour continuer tout droit. Après le chemin de pierre, tourner à droite et, 100 m plus loin, à gauche, en direction de la Raitrie.

3 A la ferme, prendre à droite et toujours à droite jusqu'à la plage de l'Etang.

4 Arrivé à la mer, repartir à droite pour rejoindre la grande plage de Préfailles en suivant la côte.

Canon.

La côte rocheuse et les falaises à Préfailles.

Dernier cap méridional de la Loire-Atlantique

À la pointe Saint-Gildas, une table d'orientation, installée sur un blockhaus du mur de l'Atlantique, pointe les principaux sites côtiers du département. Cet éperon rocheux de la côte de Jade s'avance dans l'Océan et offre une vue grand angle de l'estuaire de la Loire à la baie de Bourgneuf. Depuis ce site stratégique, le sémaphore qui surveille le chenal de l'embouchure du fleuve fut le témoin de nombreux naufrages, comme celui du *Saint-Philibert* en 1931, un bateau à vapeur qui perdit la quasi-totalité de ses passagers, ou encore le *Lancastria* en 1940, bombardé par un avion allemand. Une image plus joyeuse est celle des nombreux oiseaux qui fréquentent les roches, les plages et les vasières proches.

Circuit de la campagne et du Collet

Pêcherie.

De la campagne à la mer, à travers le marais, pour vous conduire aux pêcheries et aux dunes de la côte.

17 km • 4 h 15

VARIANTE 1 : 11 km • 2 h 45
VARIANTE 2 : 6,5 km • 1 h 45

Localisation

Les Moutiers à 10 km au sud de Pornic sur la D 97.

Accès au départ

Parking, place du Général-de-Gaulle.

Jaune - Bleu.

Sentier côtier réservé exclusivement aux piétons.

A voir

- Lanterne des morts (XIIIe s.).
- Eglise Saint-Pierre (XIe s.).
- Chapelle de Prigny. (XIe au XIIIe s.) • Pêcheries.

A faire

- Louer une pêcherie le temps d'une marée, mairie, 02 40 82 72 05.
- Visite guidée d'une saline, Office de tourisme, 02 40 82 74 00.

au fil du parcours

Lanterne des morts.

Du parking, rejoindre l'église Saint-Pierre et la lanterne des morts, prendre à droite la rue de l'Allée-Baconnais, rejoindre la D 97 et, plus loin, emprunter à droite la route du Bois-des-Tréans. 200 m après, tourner à droite, chemin des Perrières.

1 Après la déchetterie, prendre à gauche. Au village de Villeneuve, tourner à droite et continuer tout droit vers la Route bleue.

2 La franchir et se diriger vers la Rairie. Dans le village, emprunter à droite le chemin empierré et, au bout prendre à gauche. Au stop, tourner à droite pour rejoindre la chapelle de Prigny. Face à la chapelle, descendre le chemin à droite, puis prendre à gauche 50 m plus loin. Passé le ruisseau, tourner à gauche, et au carrefour, prendre direction Bellevue. Au moulin, bifurquer à gauche et, au bout du chemin, tourner deux fois de suite à droite.

3 Emprunter à droite la route de la Guérivière. Avant le château, tourner à droite et prendre le premier chemin à gauche, puis continuer tout droit.

4 Tourner à droite après la plantation, passer le ruisseau et prendre à gauche entre les vignes, puis à droite vers les Jaunais. Continuer tout droit vers Prigny et, au stop de Méré, tourner à gauche et passer sous le pont de la Route bleue. Se diriger d'abord vers Les Moutiers et, plus loin, prendre à gauche vers le Collet.

Port du Collet.

■ Réf. carte : IGN série bleue 1124 E et top 25 1123 OT et 1125 OT

Port du Collet.

5 Au passage à niveau, continuer vers le marais (balisage bleu), en prenant toujours la direction du Collet.

6 Laisser la zone aquacole sur la gauche, et tourner à droite au parking pour emprunter le bord de mer vers Les Moutiers. Après Lyarne, suivre le chemin à l'arrière des dunes, puis revenir à la mer.

7 A la base nautique, tourner à droite et au stop de nouveau à droite. Au bout de l'avenue Félix-Guillou, prendre à gauche pour rejoindre le parking.

Variante 1 : de la chapelle-de-Prigny, descendre la route de l'Abbaye et reprendre le circuit en **5**.

Variante 2 : Prendre la variante 1 et, en **5**, longer à droite la voie ferrée jusqu'au départ (balisage jaune et bleu).

Baie de Bourgneuf.

Parties de pêche

Sur la plage des Moutiers, des passerelles aux solides échasses de bois s'avancent dans la mer et s'en vont affronter le flux de la marée montante. A leur extrémité, l'abri est celui des pêcheurs qui, à intervalles réguliers, descendent et remontent leur large filet carré. La pêche au carrelet est l'une des activités des Moutiers à côté de l'ostréiculture, dont le port du Collet est le témoin. Au creux de la baie de Bourgneuf, ce petit port aux pittoresques cabanes et pontons de bois s'étire le long de l'étier du Falleron et connaît les allées et venues des bateaux qui, à la pleine saison, rapportent les huîtres et les moules, élevées dans les parcs de la baie.

Paysage du bord de Loire.

La Loire et sa vallée

DERNIERS CHÂTEAUX, derniers vignobles, plus que quelques jours et quelques marées. La Loire court jusqu'à son embouchure et savoure les derniers kilomètres de son long voyage. Cent dix pour la seule Loire-Atlantique ! Belle comme un fil d'argent, elle coupe le département d'est en ouest. L'été, elle déshabille ses berges pour laisser place à de larges bancs de sable blond. L'hiver, les crues élargissent son lit, et les eaux angevines charrient le sable et rejoignent la Loire nantaise chargée de sel à marée montante. A Nantes, la Loire semble indécise, la voici qui monte et qui descend. Les barques ondulent au rythme du courant et les îles semblent partir à la dérive. Des nombreuses îles de la cité des ducs, il n'en reste plus qu'une qu'elle enlace dans un ultime adieu.

Phare à Paimbœuf.

Berges de la Loire.

Toue cabannée.

Escortée de hordes de mouettes et contre le vent de l'Ouest, elle se précipite alors, saluant les derniers ports installés sur ses flancs, et se jette à corps perdu dans l'estuaire et l'Océan.

Jardins suspendus au-dessus du fleuve, des promontoires surveillent son cours et des sentiers épousent sa vallée à flanc de coteau. En bordure de plaine, d'anciens chemins de halage partent à la rencontre de ses ports et de ses cales, témoins des échanges commerciaux qui s'effectuèrent sur le fleuve jusqu'à la fin du XIXe siècle. Tuiles, ardoises, pierres de tuffeau, bois, céréales, vins, poissons, armes, sel, textiles, produits coloniaux transitaient sur le fleuve indocile, dont les courants impétueux menaient la vie dure aux navigateurs. Reines de la marine à voile, les

Boires de Loire.

Bords de Loire.

gabarres, en chêne, transportaient marchandises et passagers. La salambarde, en pin, se chargeait, elle, uniquement du trafic d'avalaison, vendu comme bois de chauffage à son arrivée à bon port. Plus petites, toues et fûtreaux servaient de bac, faisant passer les animaux d'une rive à l'autre. Comme toute histoire, cette tradition a une fin et se perd dans le sillage des bateaux à vapeur, puis dans les rails du chemin de fer arrivé dans les années 1850. Les gabarres replient leurs grandes voiles carrées, et la Loire congédie ses mariniers. Les pêcheurs lui restent fidèles et, de l'estuaire au pays d'Ancenis, conti-

Les quais à Ancenis.

Pêche à la civelle.

nuent de traquer l'anguille et la civelle. Inondées l'hiver, les prairies humides constituent une zone idéale pour les frayères à brochet. Concentration d'une grande variété de milieux, la vallée de la Loire est un milieu naturel d'une richesse biologique remarquable. Un tiers des espèces végétales du territoire français s'y abritent, dont une flore tropicale venue d'Afrique ou d'Amérique, poussée par les courants ou débarquée par les bateaux en escale. Plus loin, dans les prairies humides, les oiseaux migrateurs apprécient la tranquillité des îles et des anciens bras de Loire, difficilement accessibles à l'homme.

Centrale de Cordemais.

Dernier phare, dernières balises. Enfin, l'estuaire ! Vaste de 40 000 ha, il est enfin une étape incontournable. Étonnant espace, entre fleuve et Océan, où coexistent nature et industrie. Au-dessus des roselières balayées par le vent, entre deux cheminées d'usine, la silhouette d'un cargo se dessine.

Le pont de Saint-Nazaire.

Les quatre vallées

Chapelle Saint-Joseph.

7,6 km • 2 h

Localisation

La Chapelle-Launay à 40 km de Nantes sur la N 165 (Saint-Nazaire), à proximité de Savenay.

Accès au départ

Parking, près de l'église.

Jaune.

A voir

- Point de vue « L'estuaire de la Loire ».
- Châtaignier centenaire.
- La vallée de Mathara.
- Chapelle Saint-Joseph (1844).
- Eglise (XIXᵉ s.).

Un petit circuit riche et varié qui offre de belles vues sur la vallée de la Loire et le sillon de Bretagne.

au fil du parcours

Du parking, descendre entre la mairie et l'église et tourner à gauche au bout de l'étang. Continuer alors tout droit par un chemin creux très ombragé, puis un chemin dégagé offrant une belle vue sur la vallée de la Loire.

1 A l'entrée du bois, tourner à droite et faire le tour de la vallée de Mathara. Prendre à droite en sortant de la vallée.

Vallée de Mathara.

2 Au carrefour, après la Ricadelais, prendre l'impasse de Pibois sur 200 m. Puis à droite un chemin creux qui remonte le sillon. Prendre à gauche un chemin stabilisé sur environ 200 m, puis descendre une petite vallée sur 500 m. A droite, pénétrer dans un sous-bois, deux fois à gauche, puis un chemin de terre à droite.

3 Remonter le chemin à droite, puis encore à droite le chemin de terre sur 300 m vers la Carriais.

■ Réf. carte : IGN série bleue 1122 E

Mouette rieuse.

❹ A la Carriais, prendre à gauche. A 500 m environ, s'engager à droite sur une route communale que l'on suit sur 1,3 km environ vers le Pontreau et la Pelleterie.

❺ Prendre à gauche, puis à droite. Passer devant une chapelle.

❻ Après l'Ebaupin, prendre à droite un sentier qui ramène au départ.

La Chapelle-Launay

Installée sur les coteaux du sillon de Bretagne, la Chapelle-Launay se fait sentinelle sur la Loire et offre une belle vue sur l'estuaire. Des chemins creux permettent de découvrir la vallée, riche d'une variété botanique et faunistique. Tapissée de jonquilles au printemps, elle est fréquentée, entre autres, par le faucon crécerelle qui, friand d'insectes, se montre aux heures chaudes de l'été.

Vallée de Mathara.

CIRCUIT **09**

Belvédère de l'estuaire

Moulin de la Paquelais.

12 km • 3 h

VARIANTE : 11 km • 2 h 45

Localisation

Savenay à 35 km au nord-ouest de Nantes sur la N 171 (Saint-Nazaire).

Accès au départ

Parking de la piscine.

Jaune.

A voir

- Point de vue. « La vallée de la Loire ».
- Moulin à vent de la Pâquelais (1545 - 1900).
- Barrage du lac de la Vallée-Mabile (1918).
- Croix.

A faire

Le tour du lac de la Vallée-Mabile, Office de tourisme, 02 28 01 60 16.

Des vues magnifiques sur la vallée de la Loire, les marais de la Loire et la centrale de Cordemais.

au fil du parcours

Le barrage du lac de Mabile.

Descendre le long de la piscine et suivre le GR3 qui longe les rives du lac (début de Parcours de santé). Au bout du lac, descendre les marches et suivre la vallée. Après 200 m, quitter le GR3 et emprunter à gauche un raidillon à travers les arbres.

1 En haut, tourner à gauche et continuer tout droit jusqu'au chemin goudronné. Tourner à droite puis à gauche et traverser le village de la Goupillère. Poursuivre toujours tout droit sur un chemin empierré à travers la lande - *quand le chemin oblique à gauche, voir à 50 m à droite : beau panorama sur la vallée de la Loire avec la centrale thermique, le fleuve, le marais, la rive sud.*

2 Continuer à travers champs. Au bout du chemin, tourner à droite vers le village de la Gouairie. Laisser la Gouairie à gauche et traverser la route pour prendre en face un petit sentier, qui descend puis remonte à travers maisons et champs. On retrouve sur la hauteur le GR3 - Suivre d'ailleurs le GR3 à travers le village en cas de pluie.

Lac de la Vallée Mabile.

■ Réf. carte :
IGN série bleue 1122 E

Canard plongeur.

3 Poursuivre jusqu'à la route D 17. Tourner à gauche et encore à gauche - *croix ancienne* - en suivant le GR3 jusqu'au hameau de Vivier.

4 A Vivier, continuer le GR3 jusqu'à la route, traverser celle-ci et poursuivre vers la Chaintre en passant devant le moulin de la Pâquelais. Après la Chaintre, emprunter un chemin empierré puis un large sentier. Tourner ensuite vers le Drouillais et prendre à droite sur la route venant de la Mainguais (à gauche).

5 Quitter la route après 650 m à hauteur du panneau de signalisation « croisement » en prenant à gauche un sentier près de l'Ormeau. Poursuivre jusqu'à la route. Sur celle-ci, tourner à gauche puis à droite en direction du village du Four.

6 A l'entrée du village, tourner à gauche et prendre après 100 m, toujours à gauche un petit sentier jusqu'au Plessis. Au Plessis, tourner à gauche vers la Graindorgeais. Traverser la route du lac et prendre en face un chemin de terre. A la croix, tourner à droite et redescendre vers le lac.

Variante : En **4**, laisser le GR3 à droite et prendre sur la gauche la route de la Mainguais.

Grand angle sur l'estuaire

Hissée sur la pointe des pieds, Savenay se fait témoin du mariage de la Loire et de l'Atlantique. Surveillant la grande enjambée du pont de Saint-Nazaire, elle pousse son regard, rive gauche, jusqu'aux pinèdes de Saint-Brévin-les-Pins et au phare de Paimbœuf. Rive droite, les cheminées de la centrale de Cordemais et la raffinerie de Donges s'imposent. Plus haut, le moulin de la Pâquelais, restauré, est remis au vent. Ici, les paysages se mêlent et les lumières se perdent jusqu'à se noyer dans les eaux de l'estuaire.

La boucle du Sillon

Jonquille sauvage.

11 km • 2 h 45

Localisation

Cordemais à 30 km à l'ouest de Nantes par la N 165 (Saint-Nazaire).

Accès au départ

Parking au refuge de la Colle. De Cordemais, prendre la direction du Temple-de-Bretagne sur 3 km et, au carrefour de la Croix-Morzel, prendre à droite la « route du milieu » sur 1,5 km.

Vert.

A voir

• Point de vue « La vallée de la Loire et la centrale de Cordemais » • Four à pain (privé) • Calvaires • Nombreux moulins.

A faire

• Visite d'un élevage d'escargots, 02 40 57 87 37.
• Location possible du refuge de la Colle, mairie, 02 40 57 85 18.

Du haut de ce coteau boisé, au milieu des landes et des friches sauvages, s'ouvrent aux regards les paysages de la vallée de la Loire jusqu'à l'estuaire.

au fil du parcours

Du refuge de la Colle - *à voir : four à pain* -, emprunter le GR3 (balisage blanc et rouge) vers la gauche sur environ 2 km jusqu'au carrefour de la Noë-Durée - *à voir : croix en pierre.*

1 Quitter le GR3 par le chemin à droite qui monte au lieu-dit « La Hurette ».

2 Traverser la Hurette, prendre à droite sur 100 m, puis à gauche en direction de la Matais. A la Matais, aller tout droit vers la Haute-Moisonnais.

3 A la Haute-Moisonnais, prendre à gauche le chemin vers les Perrouchais, puis à droite avant de traverser la D 49 vers la Gentais.

4 Juste avant la Gentais, tourner à gauche et suivre sur 100 m la route goudronnée, puis à droite et à gauche vers le Hardrais.

Prairie humide du bord de Loire.

Réf. carte : IGN 1223 O

5 Après avoir passé le Hardrais, prendre à gauche entre les clôtures et suivre un sentier en lisière de bois, sinueux et agrémenté de petits ruisseaux. En haut de ce chemin qui oblique à droite, une route sur 200 m conduit à la Primaudière.

6 Après la Primaudière, on retrouve à droite le GR3, qui ramène au refuge de la Colle.

La centrale de Cordemais, vue sur la Loire.

Entre nature et industrie

Perchée sur la crête du Sillon de Bretagne, à 90 m d'altitude, Cordemais plonge son regard dans l'estuaire. Ancien port, au temps où la mer s'avançait jusqu'à lui, la commune est aujourd'hui séparé de la Loire par des prairies alluvionnaires et a jeté ses pontons sur un bras du fleuve, abritant quelques bateaux de plaisance et de pêche. Au cœur d'un paysage de canaux et de marais aménagés en pâturages, la flamme de la centrale thermique de Cordemais s'allume. Centre de production thermique à flamme le plus important de France, la centrale produit de l'énergie électrique à partir de fuel et de charbon. L'estuaire offre à Cordemais le paysage de l'industrie lourde et celui d'un riche patrimoine naturel.

La vallée de Bouguenais

15 km • 3 h 45

VARIANTE : 10 km • 2 h 30

Localisation

Bouguenais à 10 km au sud de Nantes par le périphérique, direction Bouguenais bourg.

Accès au départ

Quai de la Vallée à 200 m de l'église, suivre la direction du chemin des Canotiers.

Jaune.

Zones inondables en hiver.

Prévoir

A voir

• Point de vue sur la Loire, Nantes et Indre • Port-Lavigne • La roselière de l'île de la Fourche • Château de Basse-Motte (1885) • La carrière de la Roche-Ballue (1910) • Cèdre de l'Atlas (400 à 450 ans) • Village de la Roche-Ballue.

A faire

• Baignade, escalade, plongée à la base de loisirs de la Roche-Ballue.
• Location de barques, de canoës et de vélos, mairie : 02 40 32 29 00.

→ Aire de pique-nique.

Des anciens villages de pêcheurs aux prairies humides, une découverte des marais et des étiers du bord de Loire avec de splendides panoramas sur Nantes et la Loire.

au fil du parcours

Emprunter le pont de pierre, tourner à gauche et longer la rive jusqu'à Port-Lavigne. Traverser le village et le chantier de construction navale et prendre à droite le chemin de la mandine jusqu'à l'intersection de la Couarde.

1 Prendre à gauche et traverser le bois de la Sangle.

Prairie humide.

Port Lavigne.

2 Prendre à droite et traverser le village de la Pagerie.

3 Traverser, à droite, la Guérinière sur 400 m puis prendre la première à droite. A l'entrée de la carrière, emprunter l'escalier à gauche (point de vue sur la Loire). Au belvédère de la Mothe, tourner à gauche et longer le parc du château. Traverser le bois jusqu'au village de la Roche-Ballue. Remonter la rue des Massereaux jusqu'à la Ravardière puis traverser la rue des Coteaux.

4 A 500 m, tourner à gauche, contourner la Mouchonnerie puis prendre à droite vers les Grands-Champs.

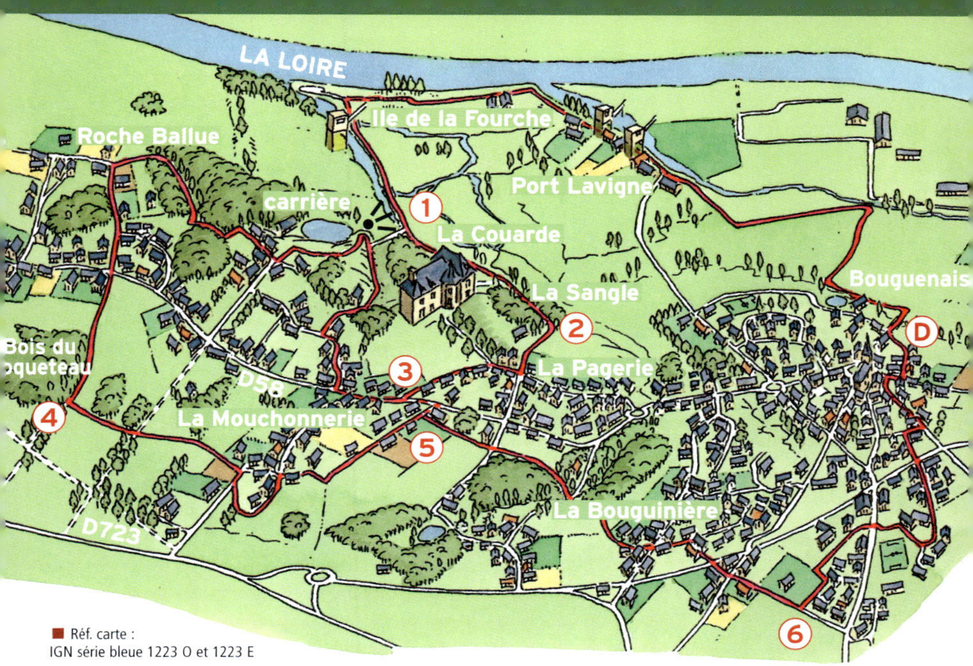

Réf. carte :
IGN série bleue 1223 O et 1223 E

5 Avant la D 58, tourner à droite vers la Bouguinière. Au rond-point, continuer en face et, 150 m plus loin, prendre à droite. Traverser la route de Paimbœuf. 100 m plus loin, tourner à gauche, puis prendre à droite le chemin du Moulin Brûlé.

Pêcherie.

6 Avant le lotissement, tourner à gauche, emprunter le passage de Ponant et s'engager dans le sous-bois en face du stade. A sa sortie, prendre à gauche, traverser le lotissement, puis suivre les ruelles qui mènent à l'église.

Variante : En **3**, tourner à gauche pour rejoindre le point **5**.

La carrière de la Roche-Ballue

Au cœur de la vallée de Bouguenais, l'un des espaces naturels les plus importants de l'agglomération nantaise, la carrière de la Roche-Ballue porte le nom d'une roche qui gênait la navigation des bateaux sur la Loire. Ouverte en 1910 pour fournir les pierres nécessaires aux travaux d'aménagement des rives de Loire, elle est aujourd'hui un site de loisirs, dans un cadre naturel et sauvage. Ses falaises s'ouvrent à l'escalade aujourd'hui, et son plan d'eau accueille « baignade et plongée ». Un terrain de bicross s'offre aux amateurs de collines et deux passerelles s'enfoncent au cœur des roselières. Des observatoires permettent d'approcher le parc ornithologique.

Carrière de la Roche-Ballue.

Circuit des coteaux

15 km • 3 h 45

VARIANTE : 9,5 km • 2 h 30

Localisation

Oudon à 35 km à l'est de Nantes par la N 23 (Ancenis).

Accès au départ

Parking à l'Office de tourisme.

Vert.

Sentier inondable en hiver.

Prévoir

A voir

- Point de vue « La Vallée de la Loire ».
- La tour d'Oudon.
- Menhir de la Pierre Blanche.

A faire

- Visites guidées de la tour et parcours spectacle sur le thème de la Loire.
- Croisière sur la Loire en bateau-promenade, Office de tourisme, 02 40 83 80 04.

De la Loire à la rivière du Hâvre, ce sentier vous amène à travers les vignes et les coteaux à la découverte des deux vallées aux splendides panoramas.

au fil du parcours

De l'Office de tourisme, descendre et prendre le chemin à gauche pour suivre la rive droite du Hâvre jusqu'à la gare. Passer sous le pont SNCF et tourner aussitôt à droite le long de la voie ferrée (balisage blanc et rouge).

La Loire.

1 Passer sous le pont et remonter le coteau jusqu'à Saint-Méen. Avant la dernière maison, prendre à droite, emprunter la route puis, à l'intersection de Ferry, tourner à gauche.

2 Au bout des vergers, bifurquer à droite et, à la fin du chemin d'exploitation, prendre à gauche. 100 m plus loin, reprendre le chemin d'exploitation. A la route, tourner à droite vers la Pierre-Blanche puis à gauche au menhir. A la Ramonière, prendre à droite et le premier chemin à gauche vers le Bois-Rond. A la D 323, tourner à gauche, puis à droite pour enjamber la N 23. A la Glébaudière, prendre à droite.

3 Suivre le Hâvre à gauche, le traverser à la passerelle et monter en face. A l'intersection en T, bifurquer à droite.

4 A la Mabonnière, tourner à droite et continuer en face au calvaire vers la Rousselière. Prendre à gauche à la croix et encore à gauche vers la N 23. Tourner à gauche après le pont et, 200 m plus loin, s'engager à gauche rue de Beauvais. Prendre à droite la rue du Clos-Potier, traverser la D 323, continuer rue des Ormeaux et, à 500 m, tourner à gauche.

5 Bifurquer à gauche pour longer le centre équestre. Après le mur du jardin, prendre à droite, puis à gauche et aussitôt à droite. A la route, tourner à droite sur 100 m et s'engager à gauche pour contourner l'étang. Laisser l'étang et le stade

■ Réf. carte : IGN série bleue 1322 O

sur la droite et prendre le sentier à gauche après la salle des sports. Traverser la D 751, longer le parking, puis enjamber la digue pour suivre le Hâvre à droite et repasser sur le pont. Tourner à gauche rue des Lavanderies, puis à droite rue des Pêcheurs. Traverser et prendre la rue de la Boulavière puis le passage du Donjon. Pendre à gauche la rue du Château puis à droite vers l'Office de tourisme.

Variante : En 3 suivre le Hâvre à droite jusqu'au départ.

Le Hâvre.

Sentinelle sur la Loire

Sur la rive droite du fleuve et à sa confluence avec le Hâvre, le château d'Oudon surveillait l'Anjou en amont et contrôlait le trafic fluvial, verrouillant ainsi la porte de la Bretagne. De la forteresse du XIe siècle, il reste une parcelle du mur d'enceinte et, du second château, édifié à partir de 1392 par le seigneur de Malestroit, subsiste un dernier vestige : la tour octogonale.
Une ascension au sommet et l'étendue de la vallée de la Loire s'ouvre à vous : un regard sur l'importance du système défensif mis en place par le duché de Bretagne au Xe siècle.

La tour d'Oudon.

Le Bois-Vert et la Grande-Prée

12 km • 3 h

VARIANTE : 16 km • 4 h

Localisation

Varades à 49 km à l'est de Nantes par la N 23 après Ancenis.

Accès au départ

Gîte d'étape de la Mabiterie, au sud de Varades.

Blanc et rouge.
Jaune.

Circuit inondable en période de crues.

Prévoir

A voir

• Point de vue « L'île Moquart, l'île Batailleuse et l'abbatiale du Montglonne » • Port de la Meilleraie • Maisons de pêcheurs typiques • Prairies humides de la Grande-Prée.

A faire

Visite du palais Briau (XIXe s.) et son parc à l'italienne, 02 40 83 45 00.

Le Palais Briau.

Des eaux basses aux plus grandes crues, les prairies des bords de Loire vivent au gré des saisons et des pluies. Faune et flore remarquables. Paysages romantiques à découvrir en dehors des hautes eaux.

au fil du parcours

Prendre à gauche et encore à gauche pour contourner le plan d'eau.

1 S'engager sur un chemin de terre à droite. Arrivé sur la route, tourner à gauche et, à 50 m, tourner à droite sur un chemin de terre. Passer sous la voie ferrée au pont de la Courbe. Prendre à gauche jusqu'au port de la Meilleraie.

2 A la Meilleraie, prendre le sentier de rive. Longer ensuite la Loire jusqu'à Belle-Croix.

3 A Belle-Croix, prendre à droite, traverser la voie de chemin de fer et se diriger vers la Grande-Prée.

Boire de Loire à Varades.

La Grande-Prée.

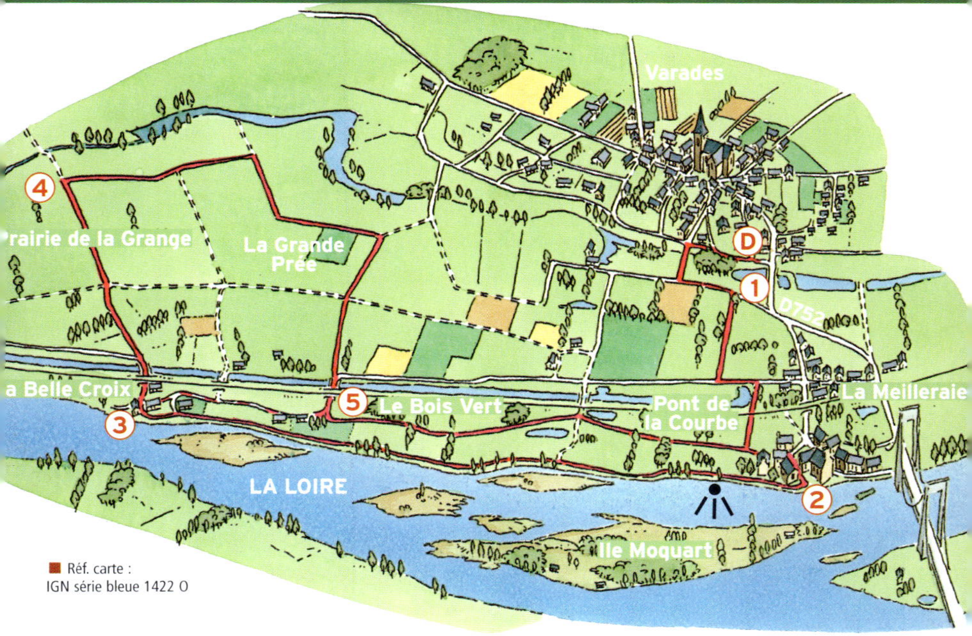

■ Réf. carte : IGN série bleue 1422 O

4 Suivre le balisage jaune à travers la Grande-Prée et passer sous la voie ferrée à hauteur du Bois-Vert.

5 Au Bois-Vert, prendre le chemin à gauche (balisé en blanc et rouge) pour revenir vers la Meilleraie. Avant la Meilleraie, tourner à gauche pour passer sous le pont de la Courbe et retrouver la Mabiterie.

Variante : En **3**, prendre la route la plus à droite vers le Bois-Vert pour revenir en **5**.

Rosalie alpine.

La Grande-Prée

En amont d'Ancenis, le lit hivernal de la Loire recouvre les prairies humides de la Grande-Prée de Varades, jusqu'à la Boire-Torse, ancien bras du fleuve dont le niveau peut atteindre 7 m. Sous la voie ferrée, des portes servent de digue et empêchent l'eau de monter plus au nord. Les niveaux d'eau variant au fil de l'année modifient les milieux et rythment la vie animale et végétale. La Grande-Prée est le lieu de passage et de repos d'une multitude d'oiseaux migrateurs et nicheurs. Elle est l'un des bastions du râle des genêts, espèce rare et menacée, que l'on entendra chanter entre avril et juin.

Les Conniers, Varades.

CIRCUIT 14

Les coteaux de Bray

Fritilaires pintades.

Des chemins agricoles et des sentiers ombragés vous conduisent du bleu du fleuve au vert des coteaux, pour découvrir de vastes panoramas sur la vallée de la Loire.

14 km • 3 h 30

Localisation

Montrelais à 59 km de Nantes par la N 23, après Varades sur la D 18.

Accès au départ

Parking au bas de la mairie.

Bleu.

• Prudence lors des traversées de la RN 23.
• Prudence en période de chasse entre les villages de la Grassière et du Vau. Sentiers inondables en hiver dans la vallée.

Prévoir

A voir

• Point de vue « La vallée de la Loire et la Grotte aux Fées ».
• La Grotte aux Fées
• Eglise Saint-Pierre (XVIe s.) et vitrail classé (1535).

au fil du parcours

Du parking, s'engager impasse des Chalonges, emprunter le tunnel et tourner à droite puis à droite sur 30 m avant le pont du chemin de fer. Virer à gauche pour longer la voie ferrée. Passer sous le deuxième pont SNCF. A la route, prendre à droite et, 50 m plus loin, encore à droite. Traverser la D 18, continuer vers la Haute-Bouttière et suivre tout droit le chemin empierré.

1 Prendre à droite vers la Poitrière. Traverser la N 23 et bifurquer à droite au premier chemin.

2 Avant les vignes, tourner à gauche. Au village de la Haie, prendre à droite et, 100 m plus loin, s'engager à droite dans le chemin. Plus loin, bifurquer à droite vers la Huraudière. A la sortie, tourner à droite puis à gauche au carrefour et, 100 m plus loin, encore à droite, vers la Grassière.

3 Au virage de la Grassière, prendre le sentier à droite - *à gauche, vue sur la Grotte aux Fées.* Franchir la passerelle et remonter les coteaux de Bray. Au village du Vau, tourner à droite avant la première maison.

Cormoran.

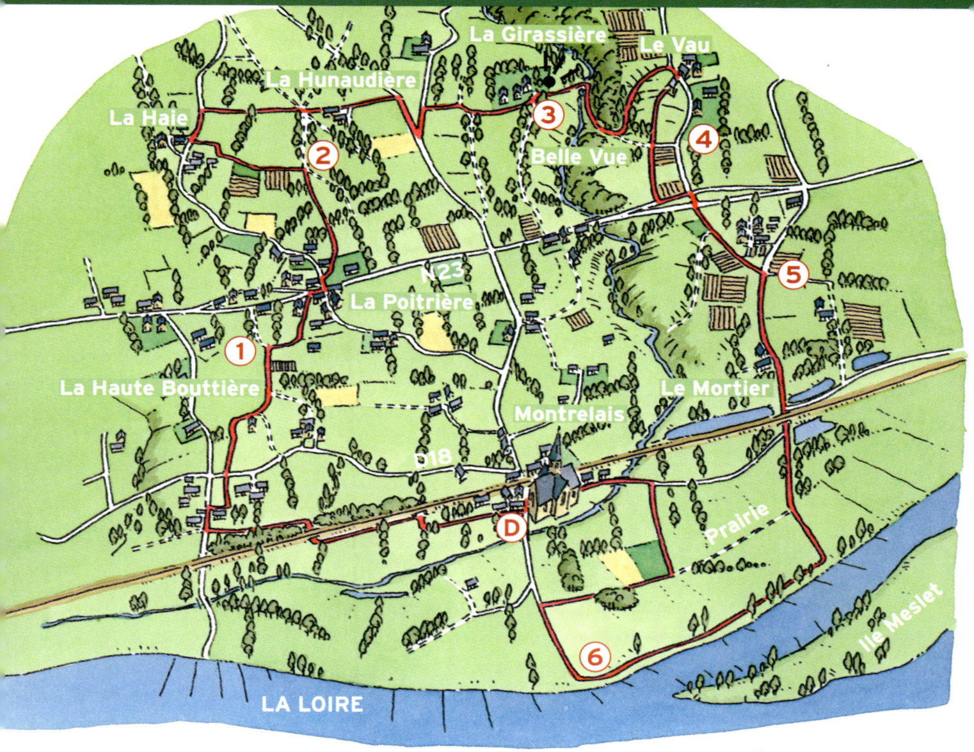

■ Réf. carte : IGN série bleue 1422 O

4 Bien longer la maison de Belle-Vue, tourner à gauche et, à l'intersection suivante, prendre à droite pour traverser la N 23 puis bifurquer à gauche.

5 Au calvaire, tourner à droite, passer sous le pont SNCF, et continuer tout droit jusqu'à la Loire et la longer à droite.

6 Quitter le fleuve et, 500 m plus loin, vers Montrelais, prendre le chemin à droite, puis la première route à gauche. A la D 18, tourner à gauche, franchir le ruisseau de Bray et rejoindre l'église.

Les îles de la Loire.

La vallée du Bray

Au pied d'un coteau de 50 m d'altitude, le ruisseau du Bray creuse une vallée encaissée, dont les différents milieux accueillent une végétation riche et variée : nénuphars jaunes et renoncules aquatiques dans les marais, saules, frênes, plantes de rocailles ou encore frêles fritillaires printanières dans les prairies humides. Sarcelles, foulques, pluviers ou barges ne sont que quelques espèces d'oiseaux qui fréquentent le site. Au large, l'île Meslet est un important dortoir de cormorans.

Le saviez-vous : La légende de la Grotte aux Fées raconte que les bonnes fées qui habitaient au bas du vallon de la Grassière eurent un jour besoin d'un porc pour un repas de fête. Une famille voisine avait une truie grasse qu'elle envoyait paître chaque matin au champ. Les fées la prirent et la renvoyèrent à la ferme avec une bourse à son cou. Plein de joie, la famille renvoya la bête dans les mêmes lieux, et elle revint portant un lingot d'or. On renvoya une troisième fois la bête mais elle ne revint plus ! Les fées avaient payé d'avance leur festin.

Le port de Blain.

Patrimoine Maritime et fluvial

LOIRE-ATLANTIQUE... A lui seul, le nom porte le subtil mélange des eaux douces et marines. Tournée vers l'Océan, la Loire-Atlantique n'est pas moins attachée à ses terres pour autant. Elle vit les pieds dans l'eau, qui la baigne de toutes parts. Dans l'eau de son fleuve, de ses rivières et de ses canaux, dans l'eau saumâtre de ses marais, et se mire dans son grand lac tranquille qui s'étire au gré des hivers.

Péniche.

La Rigole Alimentaire à Nort-sur-Erdre.

De son vaste réseau hydrographique, le département ne saurait se plaindre, car la présence de l'eau lui a prodigué sa richesse. C'est par l'eau qu'arrivent les hommes et, grâce à elle, que s'installent les échanges. La Loire lui a ouvert la porte de la Touraine et de Paris, tout en lui donnant des ailes vers l'Océan et les autres continents. Gabarres, toues et plates, péniches et chalands, goélettes, trois-mâts ou cap-horniers se partagèrent les courants, les marées et les forts coups de vent, les cargaisons de sel, de vins, de poissons, de sable, de bois ou d'ardoises, mais aussi les effluves de sucre, de café et d'épices. Car la présence de l'eau explique le voyage. Si la navigation fluviale et maritime existait déjà dans l'Antiquité, elle connut son apogée aux XVIIIe et XIXe siècles, et le port de Nantes serait le mieux placé pour en parler. Premier port de France pour le commerce triangulaire et la traite négrière, il fut ensuite un grand port baleinier et un centre important de construction navale. Fidèle à son port d'attache, le *Belem* porte en ses voiles toute la nostalgie de la grande navigation. Construit à Nantes en 1896, il est le

Canal de la Martinière, Le Pellerin.

dernier rescapé des quelque deux cents voiliers auxquels les chantiers nantais donnèrent naissance.

Puis on a plié les voiles pour des moteurs, on a installé des rails sur la terre ferme et des routes dans le ciel. L'eau demeure aujourd'hui un élément majeur du département. L'homme a fait union avec elle pour toujours assouvir ses désirs d'échanges et ses besoins de navigation, qu'ils prennent la direction de la Bretagne, du Poitou ou du grand large. Où que l'on se rende dans les terres, il y aura toujours un port et une cale, un canal, une écluse, un barrage ou un ponton d'amarrage

Etang de la Provostière à Riallé.

Ci-dessus : **Randonnée sur les arcades du Gué de la Roche.**
À gauche : **Site de Pont-Caffino à Château-Thébaud.**

pour nous rappeler au bon souvenir du trafic fluvial. Le fleuve, ses affluents, ses marais et ses canaux ne font qu'un face à la mer qui leur tend la main. L'homme fit de grands ouvrages et a laissé un vaste domaine navigable derrière lui. Promeneurs et plaisanciers s'accordent tous pour le remercier.

Le Léchalas.

Le canal de la Martinière

20 km • 5 h

VARIANTE 1 : 6 km • 1 h 30
VARIANTE 2 : 16 km • 4 h

Localisation

Le Pellerin, 20 km à l'ouest de Nantes par la D 723 (Saint-Brévin-les-Pins).

Accès au départ

Parking de la Machinerie.
Au Pellerin, prendre direction Rouans (D 58) et suivre la direction Canal de la Martinière.

Jaune - Bleu.

Le canal est exclusivement réservé aux piétons.

A voir

• Le canal de la Martinière (1892) • Machinerie à vapeur (1892) • La percée de Buzay • Tour de Buzay (1135).

A Faire

• Traversée en Bac, Le Pellerin - Couëron, départ toutes les 20 min, gratuit pour les cyclistes et piétons • Visite guidée du canal et de la Machinerie, ACCAM, 02 40 39 70 65.

→ Aire de pique-nique.

Un chemin d'eau et de verdure entre Loire, canal et bocage, bordé de roseaux et de nombreuses haies ombragées.

au fil du parcours

Franchir l'écluse et tourner à droite pour contourner la pointe. Quitter la Loire, à gauche vers l'aire de jeux, et suivre le canal de la Martinière.

1 Avant le pont-barrage et la percée de Buzay, tourner à gauche et reprendre l'autre bord, avec point de vue sur la tour de Buzay.

2 Tourner à droite et suivre le balisage jaune. Au Pé-de-Buzay, prendre le chemin de la Ruine et, 100 m plus loin, tourner à droite.

3 A la sortie du sentier, prendre à gauche juste avant la maison. Plus loin, bifurquer à droite vers la D 58 et la traverser, puis continuer tout droit.

4 S'engager à droite dans le chemin ombragé.

Le canal de la Martinière.

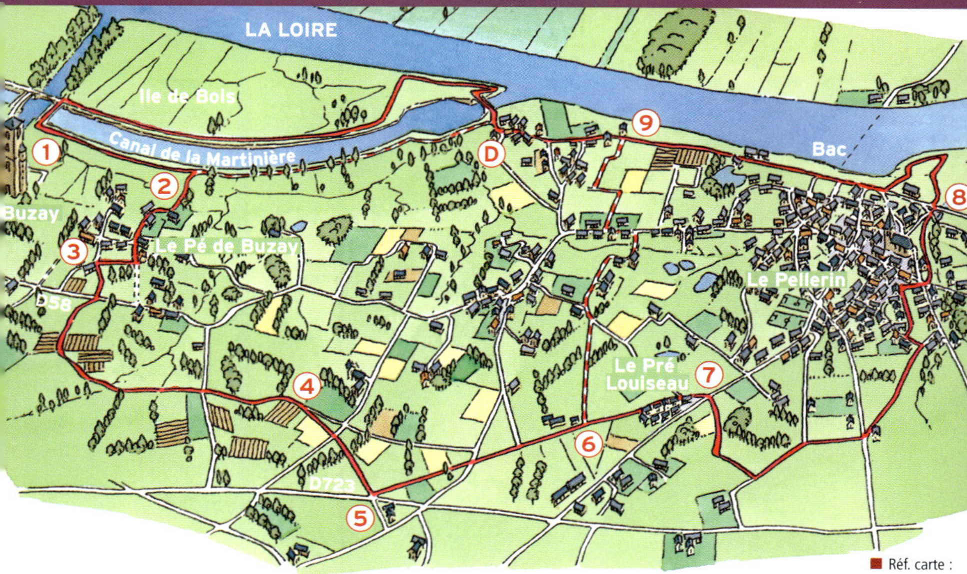

■ Réf. carte :
IGN série bleue 1123 E et 1123 O

5 Prendre à gauche juste avant la D 723, la longer en s'en écartant de plus en plus et rejoindre tout droit le Pré-Louiseau.

6 Possibilité à gauche de retourner à la Martinière par un sentier balisé bleu.

7 Traverser la D 80 et prendre en face. A la croisée des chemins suivante, tourner à gauche et encore à gauche, à la petite route. 300 m plus loin, bifurquer à droite et, au bout du sentier, prendre à gauche la D 211 sur 50 m. Puis tourner à droite et continuer tout droit vers Le Pellerin. A l'entrée du lotissement, prendre à gauche l'allée des Jonquilles, traverser la placette et partir en direction du clocher. Dans le bourg, suivre le balisage jaune et descendre un sentier creux vers le ruisseau. Arrivé à la petite route, tourner d'abord à gauche, puis à droite.

8 Au carrefour, traverser l'espace naturel pour regagner la Loire et revenir vers le bac. Longer la Loire et passer devant le dock flottant des coteaux.

9 Laisser à gauche le sentier balisé bleu et suivre toujours la Loire jusqu'à la Machinerie.

Variante 1 : En 2, suivre le canal pour rejoindre le point de départ.

Variante 2 : En 6, rejoindre 9 par un sentier balisé bleu.

Cigogne.

Une brève mais prestigieuse carrière

Ouvert en 1892, le canal de la Martinière résout les problèmes de navigation sur la Basse-Loire, dont les îles et les bancs de sable empêchent les gros bateaux de rejoindre le port de Nantes. Vapeurs à hélices, trois-mâts et gabarres l'empruntent de Paimbœuf au Pellerin, pendant vingt ans. Un franc succès qui s'achève à l'aube de 1914. Car la Loire peut désormais être draguée à moindres frais et les dimensions du canal ne répondent plus au besoin du trafic. Cimetière de bateaux après la guerre, il est aujourd'hui un remarquable site de promenade. Commandant des systèmes d'ouverture et de fermeture des écluses, sa machinerie est en état de marche et se visite.

Les îles d'Indre

Le bac d'Indre.

13,5 km • 3 h 20

Localisation

Indre à 10 km à l'ouest de Nantes par la D 107

Accès au départ

Mairie d'Indre

Jaune

A voir

• Point de vue « La Loire à partir du belvédère de Belle-Rive » • Grotte du Coucou • Port de Haute-Indre • Roselière de la Clairtière • Château (XVe s., privé) • Ermitage Saint-Hermeland (VIIe s.) • La Chaussée-Robert (XVIIIe s.) • Bâtiment de l'Horloge (fin XIXe s.)

A Faire

• Traversée en bac, Basse-Indre • Indret, départ toutes les 15 min, gratuit pour les piétons et les cyclistes • Le circuit des Venelles à Basse-Indre vous emmène à travers des rues étroites, pleines d'histoire, qui grimpent vers le cœur du bourg, mairie, 02 40 85 45 85.

→ Aire de pique-nique. Toilettes.

Un écrin de verdure et la lumière de la Loire pour ces trois îles d'Indre, avec des paysages verts et bleus, des dédales de ruelles et la magie de l'embarcadère.

au fil du parcours

Se diriger vers le hameau du Pâtis, en longeant l'étier de la Bouma. Traverser l'avenue de la Loire et, 100 m plus loin, tourner à gauche pour contourner le bassin.

1 A son extrémité, prendre à gauche vers les Savonnières, et à droite, au rond-point, vers l'usine Soferti.

2 Avant la station de pompage, tourner à gauche jusqu'à la passerelle, prendre à gauche aussitôt et suivre le chemin à travers le bois pour atteindre le port de Haute-Indre. Longer la Loire jusqu'au carrefour de la Verdure et tourner à gauche. 100 m plus loin, emprunter la passerelle à l'entrée du bois et, en **2**, reprendre le sentier vers Basse-Indre. En **1**, tourner à gauche et rejoindre la Loire à travers la

Les îles de Basse-Indre.

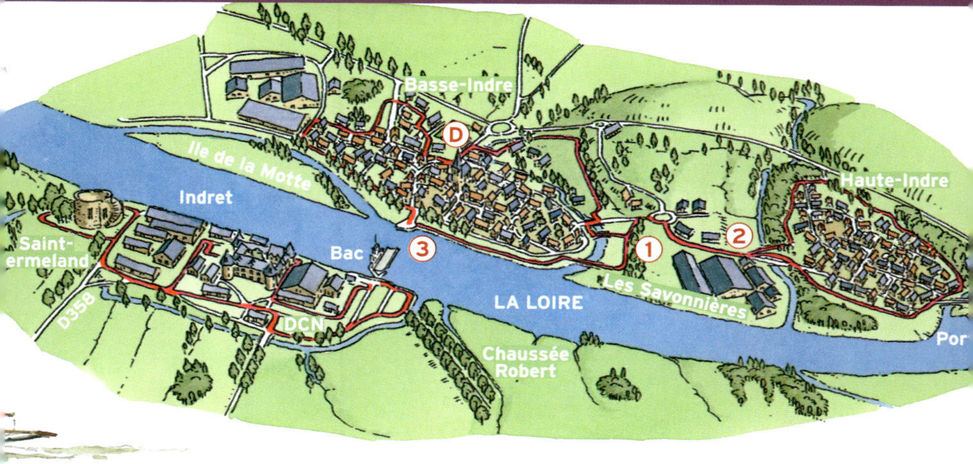

■ Réf. carte : IGN série bleue 1223 O

Roselière.

roselière de la Clairtière. Enjamber la passerelle au-dessus de l'étier et longer la balustrade des bords de Loire jusqu'à l'embarcadère.

3 Passage avec le bac pour Indret. A la descente du bac, prendre à droite, traverser le parking de la DCN et suivre le mur de l'usine. Passer devant la chapelle Sainte-Anne, continuer jusqu'au château, tourner à droite, passer sous le porche de l'entrée principale de la DCN et continuer tout droit. Puis, longer les murs de l'usine jusqu'à l'ermitage Saint-Hermeland. Rejoindre la Loire, suivre la rive jusqu'à la pointe de l'île et revenir sur vos pas. Emprunter l'avenue Moutard qui borde la D 358. Traverser cette dernière et prendre à droite le chemin qui suit la rivière jusqu'au pont de la chaussée Robert. Puis, revenir au bac.

A la sortie du bac, en 3, longer la Loire à gauche sur 700 m et monter à droite la rue Pasteur. Traverser l'espace vert qui borde Sollac et une ancienne imprimerie désaffectée, puis le lotissement sur la droite. Au bout de la rue du Stade, tourner à gauche jusqu'à l'école et emprunter la passerelle à droite pour rejoindre la mairie.

Emprunter le bac

En l'absence de ponts, on empruntait jadis les toues pour traverser la Loire. À ces barques à fond plat succédèrent les bateaux à vapeur, les vedettes puis, enfin, les bacs, dont la tradition perdure en aval de Nantes. Une liaison relie La Montagne et Indre, et accueille gratuitement les piétons. Le voyage est bref, certes, mais le plaisir est tel que l'on aimerait que la Loire ait ici un plus grand lit. Constituée de trois îlots rocheux jusqu'à ce que les aménagements du fleuve les ancrent sur la berge, Indre était autrefois le berceau des pêcheurs et des pilotes de Loire.

Embarquement à Basse-Indre.

Les Arcades

Les arcades du Pré Boursier.

7 km • 1 h 45

Localisation

Nort-sur-Erdre à 30 km au nord de Nantes par la N 137 ou la D 178 (Carquefou).

Accès au départ

Parking de la Belletière. De Nort-sur-Erdre, prendre la D 69 (Issé) sur 5 km environ, parking sur la route à gauche.

Jaune.

A voir

- Point de vue « La forêt et le château de Lucinière ».
- La Rigole alimentaire (1834-1835).
- Arcades du Pré-Boursier et du Gué-de-la-Roche.
- Moulin et réservoir de Quiquengrogne (privés).

A faire

- Au départ du port de Nort-sur-Erdre, possibilité de découverte de l'Erdre sauvage en canoë.
- Visite de l'église Saint-Christophe (XIe-XIXe s.) et de son curieux clocher, Office de tourisme, 02 51 12 60 74.

→ Aire de pique-nique.

Entre forêt et champs, une découverte très agréable de la rigole alimentaire, avec ses deux surprenantes arcades, et de l'Erdre sauvage.

au fil du parcours

Du parking, rejoindre la Belletière par une route qui monte un peu. A l'entrée du village, dans un virage à gauche, prendre le chemin face à la route. Le suivre jusqu'à une route menant à la Marchanderie.

1 A la sortie de la Marchanderie, prendre un chemin en pente sur la droite menant à la Rigole alimentaire.

2 Puis passer sous les arcades du Pré-Boursier et suivre le chemin qui, plus loin, traverse la Rigole alimentaire pour remonter vers une petite pente que l'on prend à gauche, en direction du village Les Friches.

3 Laisser ce village pour prendre à droite. A environ 600 m, suivre le premier chemin à droite jusqu'à la Rigole alimentaire et la traverser.

4 Prendre à droite et longer la Rigole alimentaire, passer sur les arcades du Pré-Boursier et continuer jusqu'au départ.

La Rigole Alimentaire.

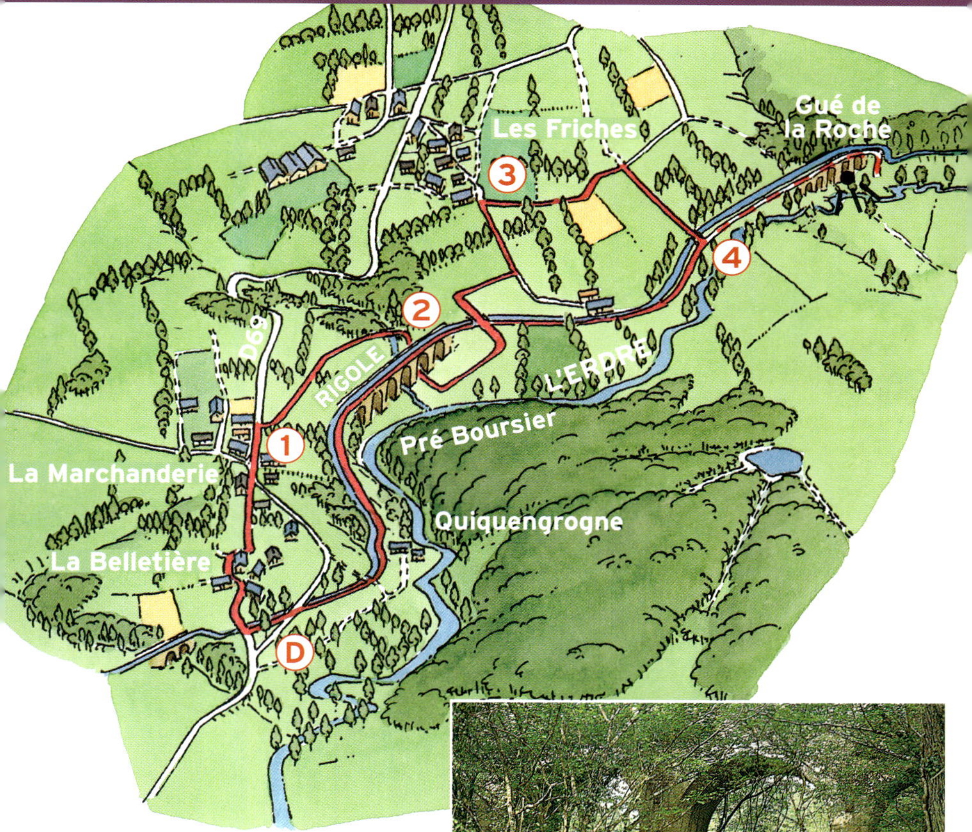

Les arcades du Pré Boursier.

Hors circuit : En ❹, prendre à gauche et longer la Rigole alimentaire. Passer sur les arcades du Gué-de-la-Roche et descendre aussitôt à droite pour aller au bord de l'Erdre. Puis, retourner au ❹.

Petite rigole pour un long canal

Alimentée par le réservoir de Vioreau, la Rigole alimentaire fut créée entre 1833 et 1836 dans le but de maintenir un niveau d'eau constant dans le canal de Nantes à Brest et de permettre une navigation permanente. Long de près de 22 km, ce véritable petit canal atteint 1 m de profondeur et déverse un courant d'eau à raison d'un kilomètre par heure. Pour que cette rigole puisse franchir les vallées, quatre arcades ont été construites. Celles du Pré-Boursier sont les plus hautes (11,40 m), les plus longues (76 m) et possèdent douze arches. Celles du Gué-de-la-Roche n'en comptent pas moins de dix.

Passage sur les arcades.

Le lac de Vioreau

12,5 km • 3 h

VARIANTE : 9 km • 2 h 15

Localisation

Joué-sur-Erdre à 35 km au nord de Nantes par la D 178 (route de Carquefou).

Accès au départ

Parking de la Demenure. Dans le bourg, près de l'église, prendre la direction du barrage de Vioreau.

Vert et blanc.

Sentier inondable en hiver.

A voir

Réservoir et barrage de Vioreau (1834-1835).

A faire

- Pêche, planche à voile, canoë et baignade aménagée, mairie, 02 40 72 35 43.
- Promenade à cheval, espace équestre de Mazerolles, 02 40 77 44 95.

Ce circuit vous invite à la découverte de l'un des plus grands lacs de Loire-Atlantique, le lac de Vioreau, qui mérite plus qu'un passage.

Le lac.

au fil du parcours

Du parking, descendre vers le lac et prendre à droite pour le longer jusqu'au barrage.

1 Franchir le barrage et suivre les rives au-dessus du village de la Romeraie jusqu'à la D 178.

2 Franchir le pont de la Musse sur la D 178 et, aussitôt à gauche, poursuivre le long de la rive. *Par temps humide, remonter par la petite voie au-dessus du Centre de plein air pour rejoindre le circuit par le village de Vioreau.*

Le barrage.

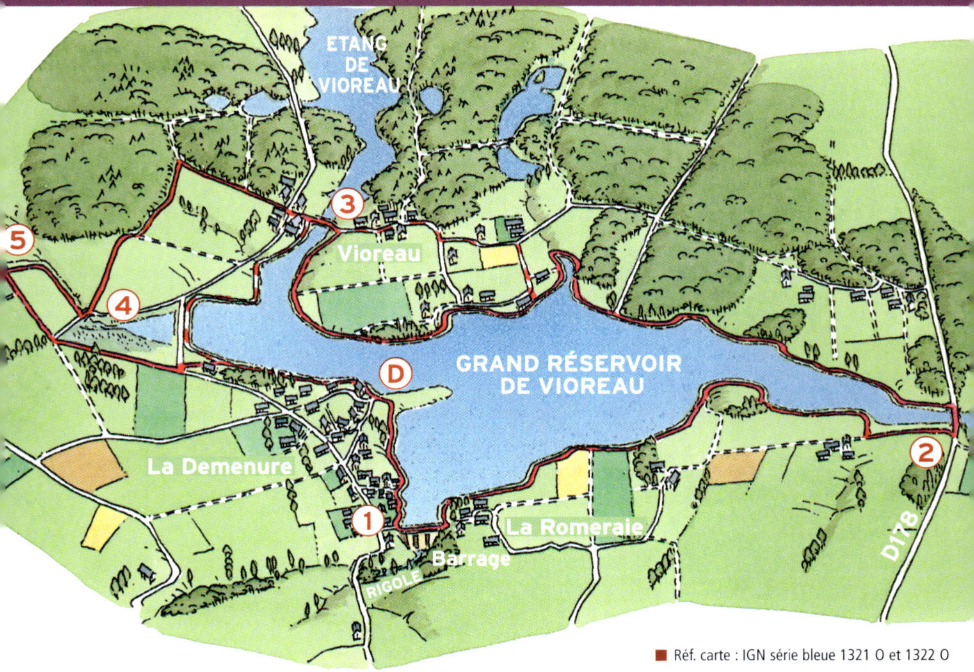

■ Réf. carte : IGN série bleue 1321 O et 1322 O

3 Tout au bout, prendre à gauche et franchir par le pont l'étang « Le Petit Vioreau ». Continuer tout droit vers le village de Vioreau, prendre à droite et aussitôt à gauche pour emprunter le chemin en lisière de forêt jusqu'à la rigole.

4 Prendre à droite pour longer la rigole à main droite.

5 Au pont, tourner à gauche et, à l'intersection suivante, prendre la route du milieu et rejoindre la rive de l'étang jusqu'à la Demenure.

Grèbe huppé.

Variante : En **3**, après le pont de l'Etang, reprendre à gauche le tour de l'étang et, après avoir franchi le Pont-Neuf, poursuivre à gauche le tour de l'étang jusqu'au départ.

Hors circuit : La Rigole alimentaire peut être suivie à partir du barrage en **1** vers les arcades de Nort-sur-Erdre ou à partir du pont de la Musse en **2** vers les étangs de la Provostière et de la Poitevinière à Riaillé.

L'étang de Vioreau

Au sud de la forêt de Vioreau, le réservoir du même nom est une vaste étendue d'eau de 200 ha. Centralisant l'eau des étangs de la Poitevinière, de la Provostière et des deux petits étangs de Vioreau, il fut aménagé au XIXe siècle afin d'assurer une quantité d'eau régulière au canal de Nantes à Brest. Long de 130 m environ, son barrage fonctionne grâce à un système de vannes à lever ou baisser. L'atout majeur de l'étang de Vioreau est incontestablement sa richesse faunistique et floristique, qui s'explique par la diversité des paysages qui l'entourent : forêts, bocage, vallée de l'Erdre.

CIRCUIT **19**

Circuit des carrières et des sites

Le château de Blain

Un univers de pâturage pour vous conduire de la sérénité du canal aux ombrages des chemins boisés.

17 km • 4 h 15

VARIANTE : 8,5 km • 2 h

Localisation

Blain à 35 km au nord-ouest de Nantes par la N 137 (Rennes), sur la D 164.

Accès au départ

Le port, quai Surcouf. Du centre de Blain, prendre la direction de Saint-Nazaire.

Bleu et Blanc.
Jaune.

A voir

- Château de Blain (XIVe s.).
- Chapelle Saint-Roch (XVe s.).
- Ecluse de la Paudais (1812-1833).
- Canal de Nantes à Brest.

A faire

Visite du château de Blain, une des plus imposantes forteresse de Bretagne, 02 40 79 07 81.

au fil du parcours

Emprunter la passerelle et longer le canal à droite jusqu'à l'écluse de la Paudais

1 Suivre les berges du canal sur 3 km.

2 Tourner à gauche et suivre le chemin pavé longeant le Centre hospitalier. Au bout de ce chemin, prendre à gauche, puis à droite pour rejoindre la D 33. La traverser et prendre le chemin d'exploitation, tourner à droite à la route, puis à gauche 200 m plus loin. Emprunter le chemin boisé, prendre à gauche la D 81 et, 300 m plus loin, emprunter le chemin à gauche. Au bout, tourner à droite et traverser la N 171. 500 m plus loin, tourner à gauche et suivre tout droit le chemin gravillonné.

3 A la fourche, bifurquer à droite. Au village des Brûlais, suivre en face l'ancienne voie ferrée. Rentrer dans le bois de Beaumont et 100 m après, continuer par la voie ferrée.

4 Tourner à gauche dans le bois, et suivre le balisage bleu et blanc. Prendre à droite après les carrières puis bifurquer sur la gauche pour rentrer de nouveau dans le bois. Continuer par le chemin large et bien marqué, puis tourner à gauche en haut d'un raidillon.

5 Prendre à droite (balisage jaune), traverser l'ancienne voie ferrée et poursuivre sur la droite. Traverser la D 15 et suivre tout droit le chemin d'exploitation.

6 A la route de Herverie, prendre à gauche et encore à gauche 500 m plus loin. A la première intersection, tourner à droite et rejoindre la chapelle Saint-Roch. Traverser le parking et emprunter le chemin qui longe la route. Au bout, prendre à droite et aussitôt à gauche pour revenir à la route.

7 Après le carrefour, longer le mur, passer devant le château de Blain et rejoindre le départ.

Variante : En 1 tourner à gauche et, en 5, s'engager à gauche en suivant le balisage jaune pour reprendre le circuit principal en 6.

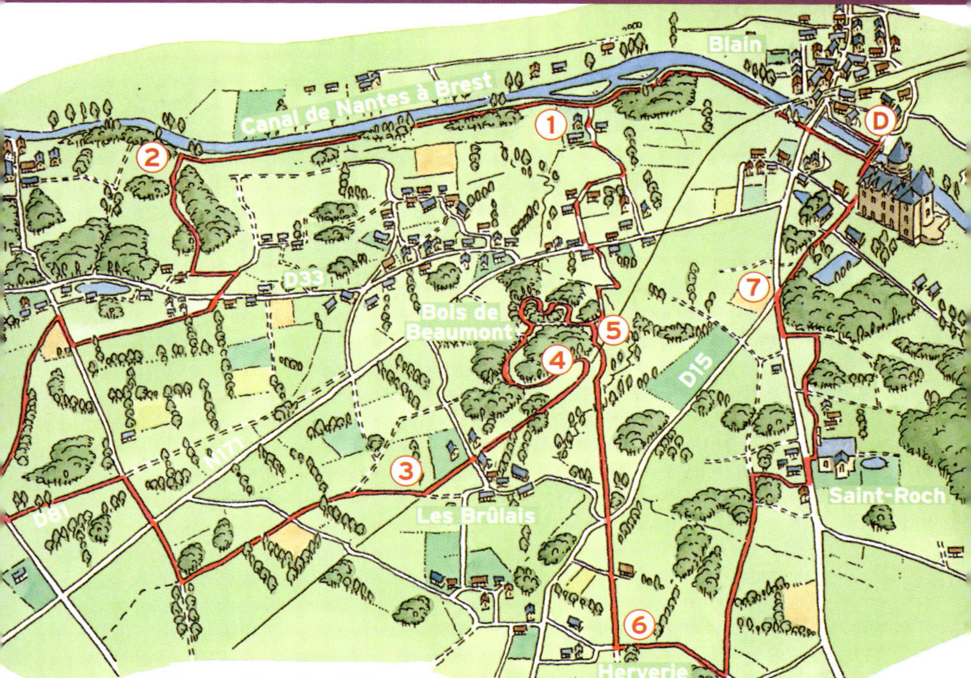

■ Réf. carte : IGN série bleue 1122 E et 1222 O

Le canal de Nantes à Brest

C'est au XIXe siècle que le canal fait son entrée dans l'histoire de la Bretagne. Face à l'ennemi anglais qui balise les côtes bretonnes, face aux impitoyables courants du raz de Sein et aux routes impraticables, Napoléon est convaincu de l'intérêt de ce projet et décide d'ouvrir une navigation intérieure qui relierait les trois grands ports de Nantes, Lorient et Brest. Les travaux de construction sont amorcés en 1811 pour s'achever en 1842, au prix de nombreuses pertes humaines. C'est en Loire-Atlantique, entre Nantes et Redon, que la première section du canal s'ouvre à la navigation, sur environ 100 km pour une vingtaine d'écluses. Les péniches transportent les marchandises et le commerce se développe. Avec l'arrivée du chemin de fer et le transport routier, les chevaux lâcheront la bride vers 1950. Les péniches cèdent leur place aux bateaux de plaisance et aux canoës.

Le canal de Nantes à Brest.

Le chêne de la Messe et la chapelle Magdeleine

Feuille de chêne.

12 km • 3 h

Localisation

Le Gâvre à 40 km au nord-ouest de Nantes par N 137 (Blain) puis D 35.

Accès au départ

En arrivant par Blain, prendre à gauche la route de l'étang juste avant le bourg du Gâvre.

Bleu.
Bleu et blanc.

En forêt, bien suivre le balisage bleu ou bleu et blanc. Respecter la flore.

A voir

• La croix du chêne de la Messe (XIXe s.) • Chapelle Sainte-Magdeleine (XIIe s.).
• Maison Benoist (1648) et la Loge des Sabotiers.

A faire

• Musée Benoist et Maison de la Forêt, 02 40 51 25 14.
• Visite guidée de la forêt par l'Office national des forêts, 02 40 51 25 14.

Au cœur du massif forestier du Gâvre, ce circuit vous propose une balade en forêt hors des circuits fréquentés.

au fil du parcours

Après un court passage à travers une futaie de chênes, prendre à droite l'allée du Château que l'on suit jusqu'au carrefour avec l'ancienne voie ferrée Saint-Malo - Hendaye, abandonnée en 1952.

Forêt du Gâvre.

1 Tourner à gauche et, après 500 m, prendre à droite vers la croix du chêne de la Messe.

2 Après la croix, prendre à droite, traverser l'allée du Rozay, et reprendre aussitôt un chemin à droite qui débouche sur l'allée du Château. La suivre à droite et, revenu en ∂, prendre à gauche l'ancienne voie ferrée sur 500 m environ.

3 Prendre à gauche le long du ruisseau, le Perche.

4 A l'allée forestière du Pharel, prendre à gauche sur 200 m et emprunter à droite une partie sous peuplement forestier.

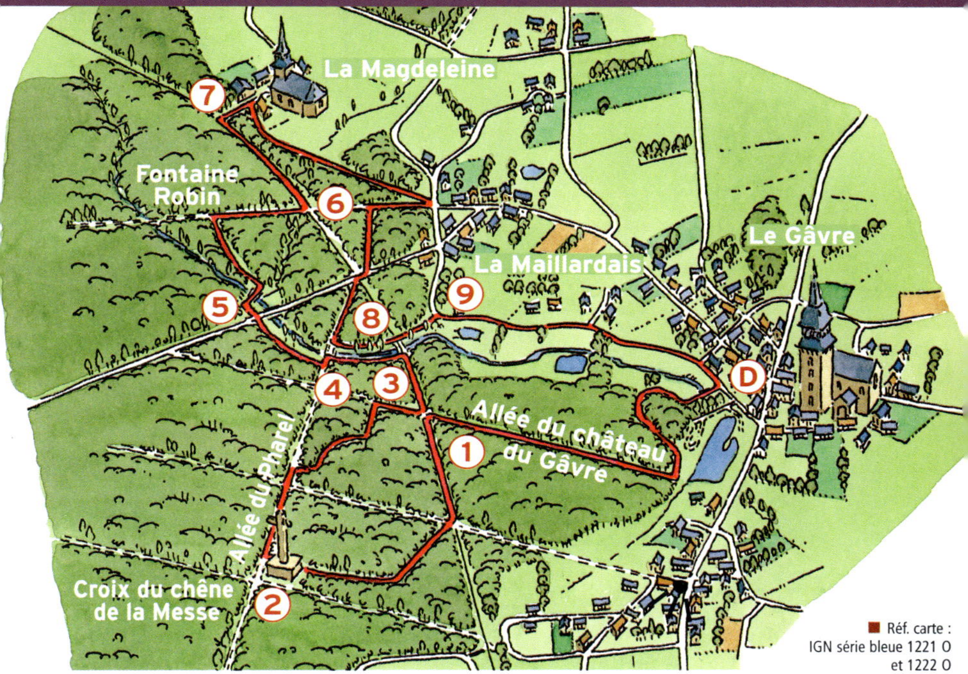

■ Réf. carte : IGN série bleue 1221 O et 1222 O

5 Au pont dit « des Arches », traverser la D 35 pour retrouver les berges du Perche, passer sur un pont de bois et arriver sur l'allée de la Fontaine-Robin qu'on suit à droite sur 300 m.

6 Prendre à gauche l'ancienne voie ferrée et tourner à droite vers le village de la Magdeleine, ancienne léproserie avec chapelle du XIIIe siècle.

7 Avant l'entrée du village, prendre à droite, puis à gauche l'allée Fontaine Robin à droite. Après 200 m, entrer dans une jeune futaie de chênes, franchir la D 35, et prendre en face l'allée du Pharel.

8 Après 200 m sur l'allée du Pharel, prendre à gauche et longer la rive gauche du Perche jusqu'à la route de l'étang du Gâvre.

9 Prendre à gauche la route qui longe la forêt pour rejoindre le départ.

Hors circuit : La chapelle de la Magdeleine ; en **7** continuer tout droit dans le village jusqu'à la chapelle.

Maison Benoist.

Du bois pour les bateaux

La Marine royale voulait du bois pour les charpentes de ses navires et la forêt du Gâvre fut sa réserve. Des milliers de chênes furent ainsi acheminés par le canal depuis Blain jusqu'à Brest. En 1996, les grands arbres du massif ont renoué avec la tradition et offrirent leurs troncs pour la reconstruction d'une goélette brestoise, la *Recouvrance*. Cette forêt de plus de 4 000 ha est la plus vaste du département. Sous la voûte de ses chênes, pins, hêtres, châtaigniers et bouleaux cohabitent des familles de cerfs, de biches et de chevreuils. Champignons sous les fougères, tapis de châtaignes et craquement du bois sous les semelles : l'automne revient chaque année avec son panier de plaisirs.

Foulques macroules.

Les marais

Les marais ne sont pas nés d'hier. C'est au fil des ères que les caprices géologiques les ont façonnés, et l'Océan y est pour beaucoup dans l'histoire ! Après des aller et retours, environ 10 000 ans avant notre ère, il tire finalement sa révérence et laisse place à de vastes étendues de sédiments et d'arbres fossilisés. Ce sera par exemple la naissance des marais de Brière. Plus récente, la formation des marais de l'Erdre remonterait au vie siècle quand, suite à des travaux d'aménagement de la rivière, l'eau submergea peu à peu la forêt de Mars jusqu'à l'engloutir et faire de cette étendue un vaste marécage s'étendant sur plus de 1 000 ha au XIIe siècle. Citons les marais de l'estuaire au sud de la Loire, vaste réseau d'étiers, de canaux, de douves et de rigoles, les marais salants de Guérande et de Mesquer, mosaïque scintillante de 1 800 ha, et ceux de Goulaine. N'oublions pas le Marais breton qui encadre la baie de Bourgneuf au sud du pays de Retz, ceux de l'Acheneau et du lac de Grand-Lieu. A vouloir les énumérer, on est certain d'en oublier, surtout lorsque l'on sait que la Loire-Atlantique est le deuxième département de France, après la Camargue, pour l'importance de ses zones humides, soit près de 70 000 ha.

Le marais Breton à Bourgneuf.

Si la nature a fait sa part dans la création des marais, les hommes se sont chargés du reste. Les premiers s'y attelèrent vers la fin du IIIe siècle. Ils étaient moines, souvent venus de la Bretagne pour évangéliser la région. Parallèlement à l'édification de leurs lieux de culte, ces moines surnommés « les défricheurs » développent l'économie de la région. Ils assainissent les marécages et créent les premières salines près de l'Océan, valorisent les prés de la Loire sur ses deux rives et pratiquent l'élevage sur les îles. Au fil des siècles, les abbayes sortent de terre en même temps que les moulins hydrauliques et les premiers barrages. Depuis toujours,

Foulque macroule.

Busard des roseaux.

l'homme a su tirer parti des ressources des marais et apprivoise peu à peu la nature. Il chasse et pêche, coupe le roseau pour couvrir sa chaumière et extrait la tourbe pour se chauffer. Il fait paître son bétail ou vit de la récolte de son sel.

Nénuphars jaunes.

Mélange de terre et d'eau, d'eaux de mer et d'eaux du fleuve, les marais constituent des milieux naturels d'une immense diversité et sont reconnus pour leur richesse faunistique et floristique. La végétation aquatique nourrit les herbivores et tient lieu de cachette ou de zone de ponte pour de nombreux animaux. C'est le royaume privilégié des poissons, des insectes et des batraciens. Les grands voyageurs du ciel trouvent dans ces espaces la tranquillité et la nourriture, qui leur sont essentielles. Une destination incontournable dans leur carnet de migration !

Le marais de Grand-Lieu.

Le dolmen de la Roche aux Loups

12 km • 3 h

VARIANTE : 6 km • 1 h 30

Localisation

Missillac à 60 km au nord-ouest de Nantes par la N 165 (Vannes) sur la D 2.

Accès au départ

Maison des Amis du village de Bergon. De Missillac, prendre la direction de La Chapelle-des-Marais puis, à l'angle Bertho, tourner à gauche vers Sainte-Reine-de-Bretagne.

Jaune.

A voir

- Dolmen de la Roche aux lLoups.
- Moulin de la Regaudais (XVIIe siècle).
- Château de la Bretesche (XIXe siècle).

A faire

- Visite du parc du château de la Bretesche, 02 40 01 40 10.
- Promenade en calèche, 02 40 88 38 82.

Un sentier de nature à travers bois et bosquets, en bordure des marais de Brière.

Flore des marais.

au fil du parcours

En sortant du terrain, et face à l'ancien café, tourner à droite. Traverser le carrefour de Bergon et prendre le premier chemin à droite. A l'intersection suivante, tourner à gauche. Face à la forêt de pins, prendre à droite et continuer tout droit jusqu'à la Régaudais.

1 Tourner à droite pour traverser le village. Laisser le moulin sur la droite et partir tout droit vers le Haut-Bergon. Couper la D 4, prendre en face la rue des Raquettes et se diriger vers le marais.

2 Continuer tout droit en longeant le marais du Gué-Neuf.

3 Suivre toujours le chemin stabilisé jusqu'à la petite route. Tourner à gauche et, 500 m plus loin, prendre le chemin à droite. A son extrémité, tourner à gauche.

Râle d'eau.

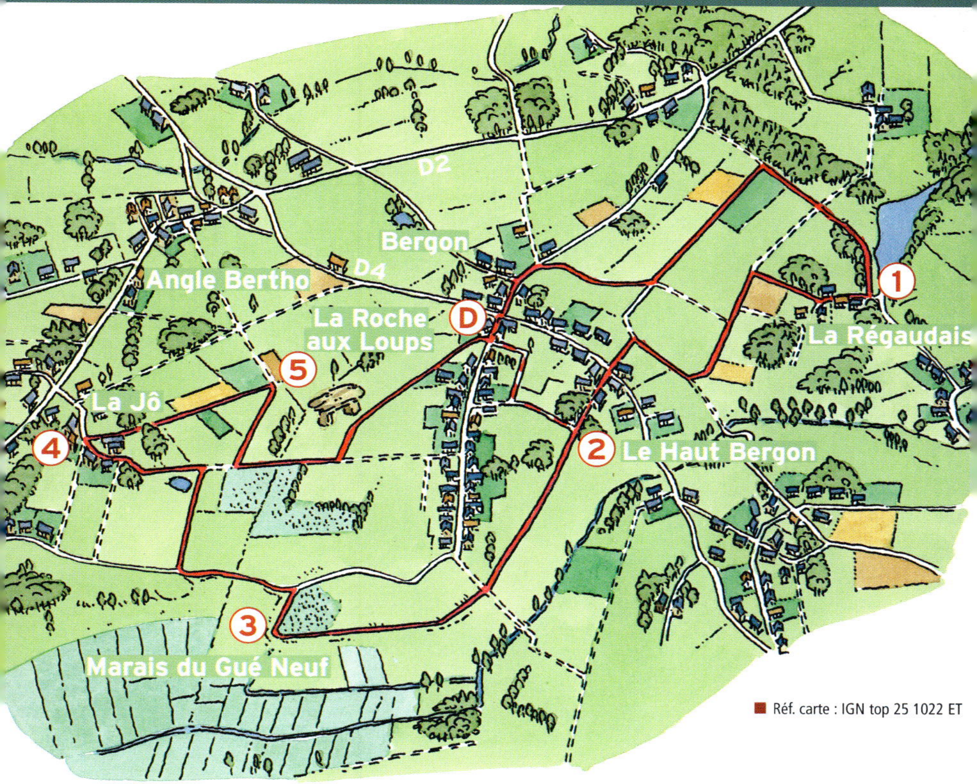

■ Réf. carte : IGN top 25 1022 ET

4 Dans le village de la Jô, prendre à droite le premier chemin en herbe.

5 Au bout de ce chemin, tourner à droite pour arriver face au dolmen de la Roche aux Loups, puis prendre à gauche deux fois de suite pour contourner le dolmen. En sortant du chemin, tourner à droite pour retrouver la maison des Amis du village de Bergon.

Variante : En **2**, rejoindre le départ en suivant le balisage blanc et rouge du GR3.

Château de la Bretesche.

Le marais de Guéneuf

On pourrait l'appeler le « marais aux mille mares ». Encore faudrait-il pouvoir les compter. Elles sont omniprésentes, anciennes pour la plupart, et abreuvent le bétail qui, l'été quand le marais est à sec, viennent paître dans les prairies qui ne sont pas fauchées. Les mares abritent une végétation aquatique exubérante et constituent des zones indispensables à la reproduction de nombreuses espèces animales, comme la rainette, la grenouille verte, le triton crêté, la salamandre ou le crapaud commun. Par hasard, on surprendra le vol fugitif du martin-pêcheur, de la foulque ou de la poule d'eau. Au crépuscule, très probablement, le hululement de la chouette effraie, hulotte ou chevêche. *Le Carnet de route des Bergoniers* est disponible à l'Office de tourisme.

CIRCUIT 22

Sentier de la Ferme-Ecole et de la Croix-Rouge

14 km • 3 h 30

VARIANTE : 8 km • 2 h

Localisation

Saint-Gildas-des-Bois à 55 km au nord-ouest de Nantes par la N 165 (Vannes).

Accès au départ

Parking de la Formation compagnonnique, sur la D 773, entre Saint-Gildas-des-Bois et Drefféac.

Jaune.

Prévoir

A voir

- Site de la Ferme-Ecole
- Eglise abbatiale romane (XIIe s.) et église romane (XIIe s.)
- Le canal de la Fleur.

A faire

Visite guidée de l'église abbatiale romane, Office de tourisme, 02 40 01 40 10.

Par de larges chemins bordés d'arbres et de roseaux, ce sentier vous invite à la découverte des marais et de la vallée du Haut-Brivet.

au fil du parcours

En sortant du parking de la Ferme-Ecole, prendre à gauche, puis à droite après le passage à niveau. A l'intersection suivante, bifurquer à droite, retraverser la voie ferrée et continuer en face.

1 Au bout du sentier, tourner à gauche et reprendre le chemin gravillonné tout droit.

2 A son extrémité, prendre à droite et longer le canal de la Fleur. Dans le hameau du Léard, bifurquer à droite.

3 Tourner à gauche jusqu'à la D 17, puis prendre à droite et, aussitôt à gauche, le chemin d'exploitation. Le suivre jusqu'à une patte d'oie pour tourner à gauche. Au village de la Croix-Rouge, prendre à droite.

4 Au niveau du pylône, tourner à droite et, à la route, continuer tout droit. Au stop, prendre à gauche et aussitôt à droite vers Savenay.

5 A Brivé, tourner à droite vers les Mortiers. Après les dernières maisons, bifurquer à gauche et continuer tout droit. Au bout du chemin, prendre à droite et continuer sur 300 m.

Abbatiale.

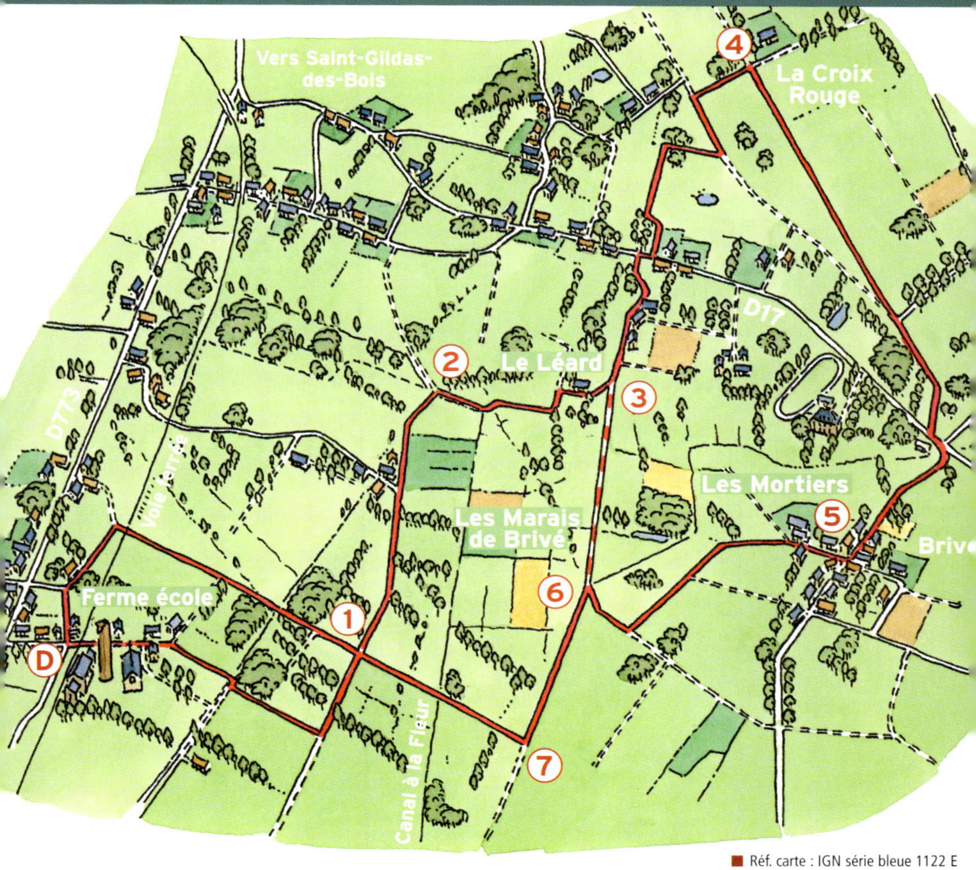

Réf. carte : IGN série bleue 1122 E

6 Au carrefour, tourner à gauche à travers le marais du Brivet, en suivant le chemin empierré.

7 Prendre le premier chemin à droite, franchir le canal de la Fleur et au point **1**, tourner à gauche. 500 m plus loin, prendre à droite et continuer tout droit. A la route, tourner à gauche pour rejoindre la Ferme-Ecole.

Variante : En **3**, tourner à droite pour rejoindre le circuit en **6**.

Héron cendré.

Secrets enfouis dans le marais du Brivet

La source exacte du Brivet est incertaine tant les ruisseaux qui l'alimentent sont innombrables. Autour de Saint-Gildas-des-Bois, dont l'abbaye fondée au XIe siècle porte la mémoire des moines bénédictins, son cours a formé un marais, reconnu pour sa grande richesse écologique. En 1994, des trésors enfouis sous la vase épaisse de ses fonds ont été découverts : ancres de granit, plombs de filets, armes et céramiques, mais aussi des ossements d'espèces animales disparues de nos régions comme l'ours et le cerf élaphode et une quarantaine de pirogues, dont les plus anciennes ont plus de 3 000 ans d'existence. Portant ces secrets dans son lit, le Brivet court entre bouleaux et peupliers, et se ramifie dans les marais de Brière avant de se jeter dans la Loire.

CIRCUIT 23

De Crossac à Sainte-Reine-de-Bretagne

Chaumière briéronne.

18 km • 4 h 30

VARIANTE : 10 km • 2 h 30

Localisation

Crossac - Sainte-Reine-de-Bretagne, à 60 km au nord-ouest de Nantes par la N 165 (Vannes) puis la D 33.

Accès au départ

Départ 1 à Crossac au parking du Calvaire dans le bourg. Départ 2 à Sainte-Reine-de-Bretagne au parc de loisirs des Trous-à-Tenaud.

Rouge et blanc.

Marais accessible de juin à novembre. Sentier inondable en hiver.

Prévoir

A voir

- Moulins • Calvaire
- Dolmen de la Roche aux Fées
- Chaussée du passage du Pot et motte féodale de l'Angle.

A faire

Découverte des marais en chaland avec un guide, Office de tourisme, 02 40 66 85 11.

Un circuit d'eau et de roseaux, d'ombrages et de bocages qui a accueilli l'enfance de René Guy Cadou dans les marais de Grande Brière, riches de nombreuses espèces d'oiseaux.

au fil du parcours

Départ 1 : Du parking du Calvaire, rejoindre l'église. Prendre à gauche, rue de la Brière et, au rond-point, suivre sur 100 m la rue du Dolmen. A la croix, tourner à droite, puis tout droit. Franchir la passerelle. Traverser le village du Bas-Rotz, prendre à droite, puis à gauche pour longer les marais. A la route, tourner à droite vers le Haut-Rotz.

Départ 2 : Traverser l'aire de loisirs, rentrer dans le sous-bois et continuer tout droit vers le marais jusqu'en 4.

1 Prendre à droite la D 4 en direction de Donges puis à gauche vers le Souchet. Au château d'eau, tourner à gauche et à droite 100 m plus loin.

Héron pourpré.

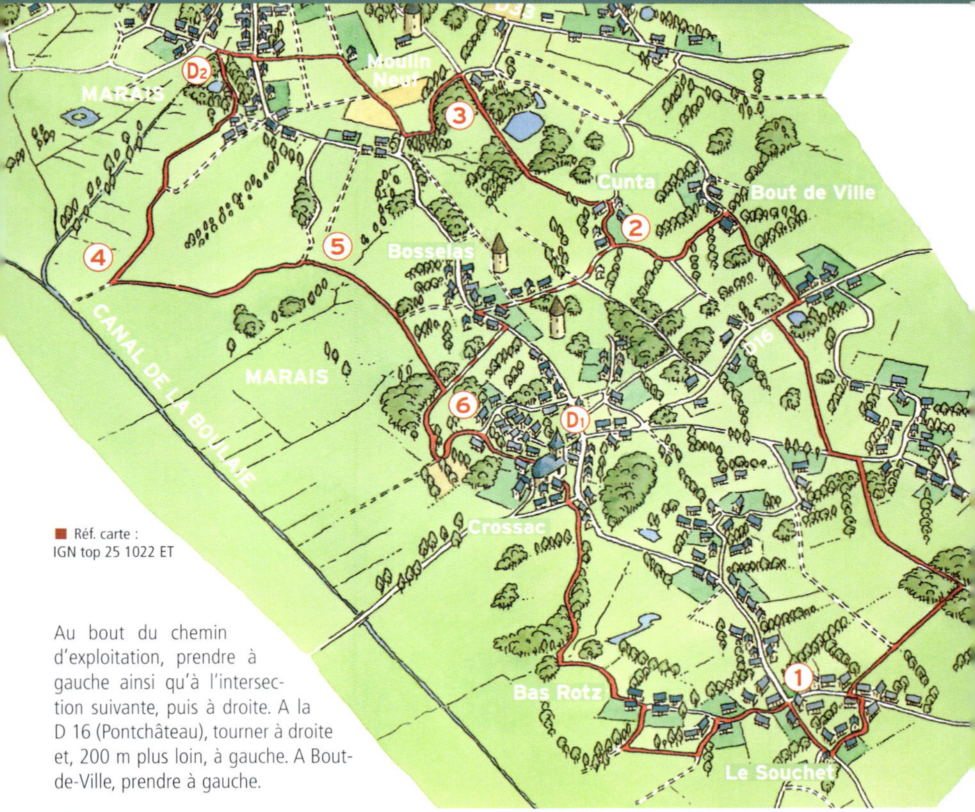

■ Réf. carte :
IGN top 25 1022 ET

Au bout du chemin d'exploitation, prendre à gauche ainsi qu'à l'intersection suivante, puis à droite. A la D 16 (Pontchâteau), tourner à droite et, 200 m plus loin, à gauche. A Bout-de-Ville, prendre à gauche.

2 A Cunta, tourner à droite et à gauche à la sortie du village, puis toujours tout droit.

3 A l'intersection, prendre à gauche, puis à droite et rejoindre l'aire de loisirs des Trous à Tenaud. Emprunter la passerelle pour traverser l'aire de loisirs, rentrer dans le sous-bois et continuer tout droit vers le marais.

4 Dans le marais, tourner à gauche.

5 Quitter le chemin pour rentrer à droite dans une prairie. Franchir la passerelle, prendre à gauche et continuer tout droit jusqu'à une intersection en T.

6 Tourner à droite et, au plan d'eau, à gauche. Traverser le village. Bifurquer à droite, contourner la salle polyvalente et rejoindre l'église.

Variante : En **2**, tourner à gauche vers Bosselas et rejoindre le circuit en **6**.

Marais de Brière.

Le marais de la Boulaie

Autour de Sainte-Reine-de-Bretagne, les hommes se sont installés sur le pourtour des marais de Brière. Hameaux, moulins, gagneries (terres surélevées pour les cultures) et grandes parcelles de pâtures témoignent du passé agricole du pays. Au pied des coteaux, des touffes d'ajoncs clairsemées annoncent le marais de la Boulaie. Il porte le nom du canal qui, creusé à la fin du XVIIIe siècle pour l'écoulement des eaux, traverse une mer de roseaux et rejoint le Brivet au sud.

Circuit des migrateurs

14 km • 3 h 30

Localisation

Bourgneuf-en-Retz à 40 km au sud-ouest de Nantes par la D 758 (Noirmoutier).

Accès au départ

Table d'orientation de Saint-Cyr-en-Retz. Suivre le panneau « Point de vue » à partir de la mairie.

Jaune.

Zones humides en bordure de marais.

Prévoir

A voir

- Point de vue sur Le Marais breton
- Moulin à vent de l'Arzelier (1696).
- Faune et flore du marais.

A faire

- Le musée du pays de Retz, 02 40 21 40 83.
- Sortie-découverte de la faune et de la flore, Office de tourisme, 02 40 21 93 63.

Entre marais et campagne, un paysage à découvrir en compagnie des oiseaux.

Iris des marais.

au fil du parcours

Descendre vers le marais. Tourner à gauche avant le cimetière et traverser la D 13. Emprunter la rue de la Grande-Charrau et partir à la découverte du marais.

1 Prendre à droite pour passer au milieu des étiers et poursuivre tout droit jusqu'à la D 80. Tourner à gauche et, 400 m plus loin, à droite, et encore à droite au carrefour de la Bouie.

2 50 m avant le village Le Toit, bifurquer à droite dans les marais et continuer tout droit. Laisser le premier pont en béton sur votre droite et emprunter le second. Se diriger vers la Fortinière, traverser le village puis la D 13, et continuer vers les moulins de l'Arzelier et du Coteau.

3 Quitter le chemin stabilisé pour un sentier vert sur la droite. A son extrémité, tourner à gauche et, 100 m plus loin, à droite, vers Le Cloître et la D 80. Au carrefour, continuer en face et encore tout droit à l'intersection suivante.

4 A un double embranchement, tourner d'abord à droite et aussitôt à gauche. 100 m plus loin, prendre à droite et rejoindre la table d'orientation.

Saint-Cyr-en-Retz.

■ Réf. carte : IGN série bleue 1124 E

Le Marais breton

Port jusqu'au XVIIe siècle, Bourgneuf-en-Retz devait sa richesse à l'exportation du sel de ses marais. En partance vers la Baltique, l'Irlande et la péninsule Ibérique, des centaines de navires y transitaient. Au fil des siècles, la côte a reculé de quatre kilomètres. Par les dépôts alluvionnaires de la Loire, la baie de Bourgneuf s'est envasée, le golfe parsemé d'îlots a disparu et les marais salants furent abandonnés. Ainsi s'est formé le Marais breton, étendue sauvage d'étiers et de prairies bordées de saules et de roseaux. Le nom des ports et des hameaux rappelle l'ancienne présence de l'Océan et la conquête du site par les moines cisterciens. Au mois de mars, les oiseaux migrateurs balaient le paysage.

Le Marais Breton

CIRCUIT 25

Le grand Chemin

Grenouilles.

23,5 km • 6 h

Localisation

Rouans à 25 km à l'ouest de Nantes par la D 723 (Saint-Brévin-les-Pins), sur la D 66.

Accès au départ

Aire de pique-nique de Messan au nord de Rouans.

Jaune.

Circuit inondable en hiver et passages très boueux jusqu'au printemps.

Prévoir

A voir

- Point de vue « Rouans et le marais ».
- Calvaire de Buzon (1794-1975) .
- La Pierre-Tremblante.
- Moulin des Vignes (XIXe s.).

→ Aire de pique-nique.

Un circuit entouré de l'atmosphère du film le Grand Chemin *parmi les marais de l'Acheneau, une nature généreuse et de nombreuses variétés d'oiseaux.*

au fil du parcours

Contourner le hameau de Messan par l'ouest et rejoindre Rouans par la D 66.

1 A l'entrée du bourg, prendre à gauche (D 79), puis à droite, après la grotte, vers la salle omnisports.

Canards colverts.

2 Emprunter un sentier marqué « interdit aux motos et voitures » et rejoindre la Garenne en laissant la station des eaux sur la gauche.

3 Tourner à gauche après la ferme.

4 Prendre à droite au village du Four-à-Briques, puis à gauche 100 m plus loin. Continuer vers la Rochelle et encore tout droit jusqu'à la Jarrie.

5 Prendre en face, à l'intersection avec la D 279, jusqu'à un carrefour de 3 chemins. Emprunter celui de gauche et rejoindre la D 79.

6 Tourner à gauche et, 50 m plus loin, à droite. Traverser la rivière La Blanche, passer le village de la Jarossais. A la Mulonnière, tourner à droite puis à gauche 100 m plus loin. Avant la Noindrie, prendre à gauche et traverser la D 103 jusqu'à l'Hommeau.

7 Après la ferme, tourner à gauche puis à droite 50 m plus loin, et une nouvelle fois à gauche pour longer la haie. A son extrémité, tourner à droite et rejoindre un magnifique chemin creux avec pont et couvert végétal. Traverser le village de Buzon et, au monument, tourner à droite. A la sortie, prendre à gauche entre les marais.

8 Après le pont qui enjambe l'Acheneau, tourner à gauche pour longer la rivière jusqu'à la Pierre-Tremblante et continuer le chemin qui borde les marais. Prendre à gauche après le village de la Petite-Angle, longer à nouveau le marais par la route jusqu'à Belle-Vue. Tourner à gauche avant la D 723. Au stop suivant, prendre à gauche, puis à droite 50 m plus loin et longer à nouveau le marais jusqu'à Messan.

■ Réf. carte : IGN série bleue 1123 E et 1124 E

La faune du marais

L'Acheneau traverse la commune de Rouans à Messan et devient le canal de Buzay, creusé par les moines au XVIIIe siècle, jusqu'à la Loire. Rivière poissonneuse, elle abrite essentiellement des brèmes et des anguilles. Les chemins du marais sont habités de lapins de garenne et de ragondins, et on attend le retour de la loutre d'Europe, occasionnellement visible à la confluence de la Loire et du canal. Parmi les nombreux oiseaux, les limicoles viennent puiser leur nourriture dans la vase, et le héron cendré fait partie des échassiers. Les marais du sud de la Loire sont le refuge de près de 230 espèces d'oiseaux migrateurs, hivernants et nicheurs. La cigogne blanche y revient régulièrement depuis quelques années. Des ibis sacrés s'y sont aussi installés, ayant préféré les vastes espaces des marais au parc zoologique de Branféré, dont ils se sont échappés en l'An 2000.

Circuit des marais

Frêne têtard.

12 km • 3 h

VARIANTE : 7,3 km • 2 h 30

Localisation

Brains 20 km au sud-ouest de Nantes sur la D 723 (Saint-Brévin-les-Pins).

Accès au départ

Parking derrière l'église.

Bleu - Jaune.

⚠ *Sentiers inondables en hiver.*

Prévoir

A voir

- Moulins du Breuil et de la Fouëlle.
- Port-Hamoneau.
- Le marais.

→ Aire de pique-nique.

Un mélange harmonieux de bocages et de marais où alternent bosquets, vignes et roseaux.

au fil du parcours

Descendre la rue des Clos-Mâts jusqu'au petit pont et suivre le chemin du Breuil en sous-bois.

1 A droite, longer le moulin du Breuil et, de nouveau à droite, prendre le chemin en direction de la Guerche. Au bout du chemin, tourner à gauche, traverser la route puis continuer sur le chemin du Bas-de-l'Angle.

Marais de l'Acheneau.

2 Suivre le chemin à droite pour se rendre à la D 211. Emprunter cette route à gauche.

3 Poursuivre à gauche en rive du Petit-Marais jusqu'au village de la Barbotinière (attention balisage jaune).

4 Emprunter la rue à droite puis le second chemin à gauche vers la Proutière. Couper la route.

5 Remonter en face le chemin des Grandes-Vignes. Bifurquer à droite vers la cour de Jasson et la D 211. Suivre cette route à droite sur 200 m. Tourner à gauche dans le chemin de la Fouëlle, et de nouveau à gauche pour gagner le moulin de la Fouëlle. Traverser une route, prendre en face le chemin des Grandes-Ouches puis le second chemin à droite. A l'entrée de la Villabeau, bifurquer à gauche.

6 Avant le Tordreau, s'engager dans le premier chemin à droite vers le Barré.

7 Attention, le circuit principal reprend le balisage bleu. Contourner le hameau

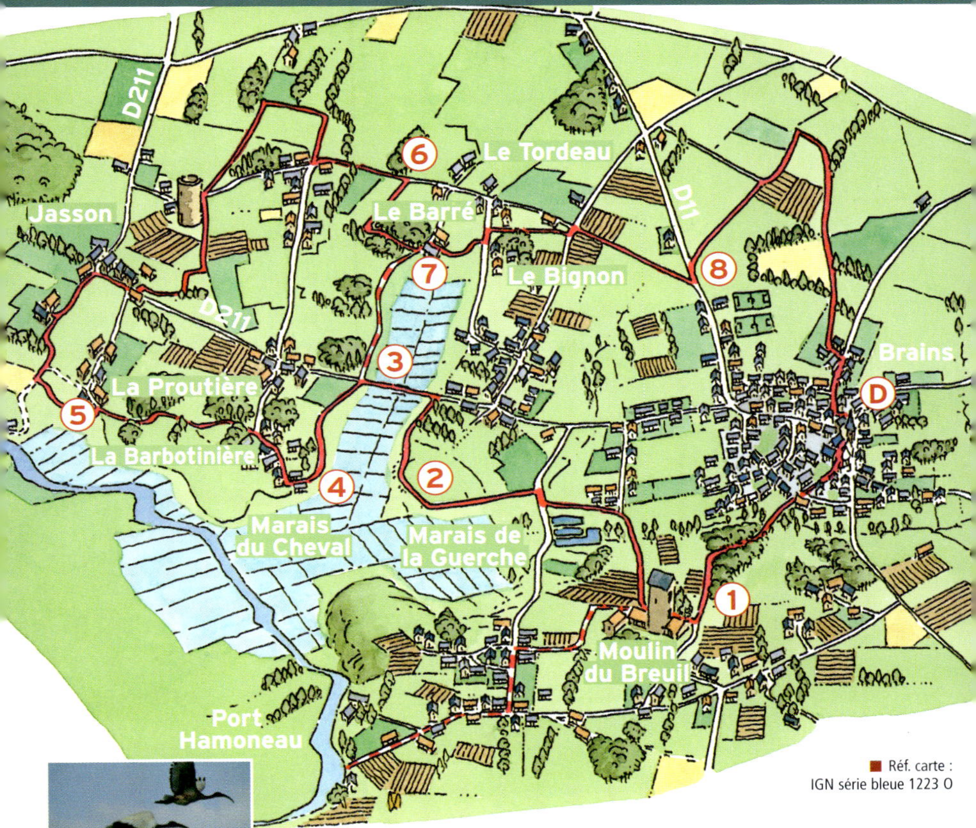

■ Réf. carte :
IGN série bleue 1223 O

Ibis sacrés.

du Barré à droite pour déboucher sur une route face au Bignon. La prendre à gauche pour, aussitôt, bifurquer à droite. Au carrefour, couper la route et continuer tout droit jusqu'à la D 11, par un chemin qui serpente entre cultures et vignes.

8 Emprunter la D 11 sur 50 m à gauche et s'engager à droite dans le premier chemin qui, devient goudronné. Emprunter à droite le chemin de la Goule-des-Noues jusqu'à la rue de la Pilardière. A droite, regagner le parking, point de départ du circuit.

Variante : En **3**, longer le marais en prenant à droite en direction du Barré, où l'on rejoint le circuit principal balisé en bleu au point **7**.

Hors circuit : Pique-nique possible à Port-Hamoneau (1 km). En **1** prendre à gauche après le moulin du Breuil et suivre les signalisations vertes.

Une flore exceptionnelle

La diversité des milieux humides que constituent les marais du sud de la Loire explique l'existence d'une grande richesse floristique. On y dénombre, en effet, plus de 700 espèces de plantes. Une flore luxuriante se plaît particulièrement le long des étiers et l'on pourra peut-être rencontrer l'angélique des estuaires qui, d'une grande rareté, bénéficie d'une protection internationale. L'étoile d'eau, la gratiole officinale et le trèfle Micheli sont, elles, protégées au niveau régional. Les frênes-têtards sont les arbres les plus répandus sur les chemins qui longent le marais de l'Acheneau, en compagnie de la bourdaine, reconnaissable à ses petites taches blanches sur son écorce et, autrefois utilisée pour la vannerie.

Salicaires.

Circuit de la Pierre-Tremblante

9 km • 2 h 15

Localisation

Cheix-en-Retz à 30 km à l'ouest de Nantes par la D 723 (Saint-Brévin-les-Pins).

Accès au départ

Parking, place de l'Eglise.

Bleu.

Prudence lors de la traversée des routes. Passages humides en hiver.

Prévoir

A faire

- Tumulus de la Pierre-Tremblante.
- Château du Bois-Corbeau (XXe-XIVe s., privé).
- Marais.

Entre marais de l'Acheneau et bosquets, un sentier agréable et ombragé, bordé de nombreuses haies touffues.

au fil du parcours

De l'église, descendre le chemin de la Rive. En arrivant à l'Acheneau, tourner à droite et longer la rivière. Passer devant la Pierre-Tremblante.

1 A l'intersection avec le circuit du grand chemin, balisé en jaune, prendre à droite jusqu'à la petite route et encore à droite à la suivante. 300 m plus loin, tourner à gauche vers la D 723.

Châtaigne d'eau.

2 S'engager dans le chemin ombragé jusqu'à la D 723, la couper, rejoindre le poste de comprage et suivre le sentier en laissant sur la gauche le château du Bois-Corbeau. Au calvaire, tourner à droite et, plus loin, laisser la direction « Cheix-en-Retz » sur la gauche. Au village des Marcouronnes, prendre à gauche vers la Tancherie et tourner à droite avant la Rapinette. Continuer tout droit jusqu'à Malnoë.

3 Prendre à droite à la sortie du village et rejoindre tout droit le bourg de Cheix-en-Retz.

■ Réf. carte : IGN série bleue 1123 E et 1223 O

LE SAVIEZ-VOUS

Saint Martin, qui était monté sur la pierre tremblante pour prêcher devant la foule, fut tellement emporté par sa foi qu'il y laissa l'empreinte de son pied.

L'Acheneau.

4 Emprunter cette route sur la gauche et la traverser pour s'engager dans le chemin à droite. Au bout, tourner à gauche et, au milieu du village de la Bricolière, bifurquer à droite dans le sentier ombragé.

5 A la fourche, tourner à droite et encore à droite 100 m plus loin, puis continuer tout droit.

Une petite rivière pour un savant système hydraulique

Entre la Loire et le lac de Grand-Lieu, l'Acheneau serpente au cœur des marais où elle se divise en de multiples canaux. Cette petite rivière a la particularité de couler dans les deux sens, selon les niveaux du fleuve et du lac. En été, par l'intermédiaire du Tenu, elle alimente en eau douce les cultures maraîchères de la région de Machecoul, au sud. En hiver, elle assure l'exondation du lac par le canal de Buzay, au nord. En amont, le canal de la Martinière stocke cette eau douce, afin que les eaux salées apportées par les marées ne pénètrent pas dans ce vaste réseau hydraulique, qui irrigue le pays de Retz.

Grappe de raisin.

Les jardins du Val de Loire

Des vignes à en perdre la vue ! Les rangs de ceps s'étirent à vouloir toucher l'horizon. A leurs pieds, des ports se sont blottis dans un méandre d'une rivière et, au sommet des coteaux, moulins et domaines viticoles balisent la Route touristique du vignoble nantais. Surgissent alors des

Maison de vigneron.

étendues sablonneuses et des carrés de lumière, scintillant sous le ciel blanc du Val de Loire. Il suffisait d'un climat doux, de sols riches et de beaucoup de savoir-faire. La Loire-Atlantique a réuni le tout et, de cette alchimie, sont nés ses jardins de vigne et ses cultures maraîchères.

Les Coteaux d'Ancenis.

Les Romains cultivaient déjà la vigne, puis les moines prirent le relais. A partir du Moyen Age, ils aménagent les rivières, afin de permettre le transport du vin qui, pendant des siècles, sera acheminé sur la Sèvre, la Maine et la Loire, pour prendre la mer jusqu'en Europe du Nord ou la voie des fleuves jusqu'à la capitale française. Venu de Bourgogne au XVIIIe siècle, et parce que ses feuilles ont de jolies rondeurs, le cépage est appelé « melon ». Issu de ce cépage, le muscadet règne aujourd'hui en maître sur la carte des vins nantais. Il figure parmi les plus anciennes appellations d'origine contrôlée de France et est exclusivement produit dans le vignoble nantais. D'origine charentaise, implanté deux siècles avant le melon, la folle-blanche donne le gros-plant du pays nantais, un vin blanc sec qui, comme le muscadet, aime les produits de la mer. Pour les robes rouges et rosées, c'est aux coteaux d'Ancenis qu'il faut

Muscadet-sur-lie.

Le vignoble à Saint-Fiacre-sur-Maine.

Panneau la Divatte à Saint-Julien-de-Concelles.

s'adresser. Le département compte 18 000 ha de vigne, essentiellement répartis dans sa partie sud, du pays de Retz aux rives de la Loire. Le paysage, vert tendre aux couleurs du printemps, porte les fruits murs et juteux de l'été et enfile le manteau ocré de l'automne. Jusqu'à ce que l'hiver le déshabille totalement.

Au pied des coteaux de vigne, les maraîchers sont voisins des viticulteurs et leur production se concentre sur les communes riveraines de la rive sud de la Loire. On retient les noms de Saint-Julien-de-Concelles, Haute et Basse-Goulaine ou La Chapelle-Basse-Mer. Enrichie par les alluvions de la Loire, la terre est ici fertile et sablonneuse et le maraîchage s'y est développé à partir des années 1950. Carottes, poireaux, radis, navets, concombres, tomates… les cultures sont diversifiées, de plein air et sous serre. La mâche nantaise, également cultivée dans la région de Machecoul, a fait sa réputation dans tout

Bac de raisins.

le pays et le muguet représente 85 % de la production nationale. Lys, glaïeuls et iris aiment eux aussi la douceur du climat. Ils sont viticoles et potagers. Les jardins de la Loire font aussi pousser des fleurs.

Puits (à Boussay).

CIRCUIT **28**

La Loire

La Divatte.

10 km • 2 h 30

Localisation

Saint-Julien-de-Concelles à 16 km à l'est de Nantes par la D 751 (la Divatte) ou la N 23 par Thouaré-sur-Loire.

Accès au départ

Parking du plan d'eau du Chêne à 1 km du bourg sur la route du Loroux-Bottereau.

Bleu.

Prudence lors de la traversée des routes. Peu d'ombre le long du parcours.

A voir

La chapelle Saint-Barthélemy (XIe – XVIIe s.).

A faire

- La chapelle Saint-Barthélemy.
- Planche à voile, pédalo au plan d'eau du Chêne, point I (en saison), 02 40 36 54 81 ou mairie, 02 40 54 10 40.

→ Aire de pique-nique.

Des bords de Loire au Marais-Abraham, un circuit typique du vignoble au cœur des cultures maraîchères.

au fil du parcours

De l'aire de repos, longer le canal en direction du bourg, puis les terrains de football qu'on laisse à droite.

1 Traverser la route entre les deux ronds-points. Descendre. Longer le canal et se diriger à droite vers les Iris (C.A.T.-Serres). Prendre à droite, puis à gauche sur la D 274 (100 m) et suivre le chemin à droite.

2 Au croisement, tourner à gauche vers le village de la Rochelle. Avant le village, tourner à gauche, puis prendre le deuxième chemin à droite.

3 Suivre la route sur la gauche jusqu'au marais Abraham, et rejoindre Charère. Suivre à droite la route jusqu'à la Chebuette.

4 Traverser la D 751 et longer en contre bas la Loire sur 1 km jusqu'au dernier escalier avant la cale de la Praudière. Au lieu-dit « Les Amourettes », traverser à nouveau la D 751.

5 A la sortie de la Praudière, deux fois à gauche, puis à droite. Poursuivre en longue ligne droite jusqu'aux prairies, prendre alors à gauche puis à droite jusqu'au canal.

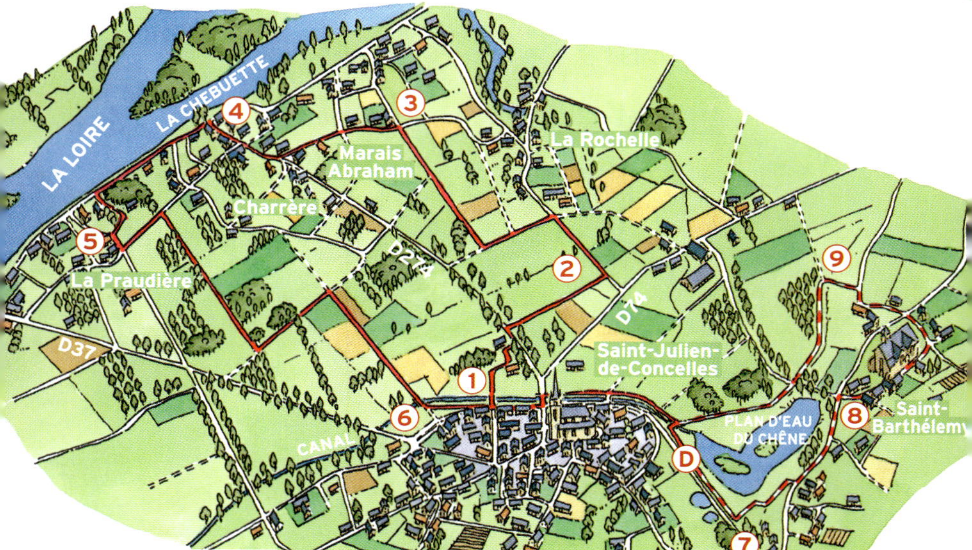

6 Longer le canal et regagner le chemin qui ramène au plan d'eau.

■ Réf. carte : IGN série bleue 1323 O

Hors circuit : Pour aller à la chapelle Saint-Barthélemy - 4 km, balisage orange.

A gauche :
La chapelle Saint-Barthélemy.

7 Contourner le plan d'eau par la droite

8 Prendre le chemin à droite vers la chapelle. A l'intersection suivante, prendre à gauche et continuer tout droit pour rejoindre le canal.

9 Prendre à gauche et longer le canal jusqu'au point de départ du plan d'eau.

La Divatte

Ce petit affluent de la Loire légua son nom à une digue construite pour maîtriser les humeurs du fleuve qui inondaient les maisons de la rive gauche et rendaient toute culture impossible sur la plaine alluviale. Suite à la funeste crue de 1843, les travaux débutent en 1847, suivis de la construction des ponts, de l'élévation d'un tablier et de l'édification de murets, afin de transformer le chemin de la levée en route carrossable. Longue de 16 km, du franchissement du ruisseau de la Divatte à l'écluse de Basse-Goulaine, la Divatte protège la vallée où les maraîchers ont pu ainsi développer et diversifier leur production. Saint-Julien-de-Concelles est à mi-chemin. Ancien port de mariniers, il s'est tourné vers le maraîchage et met en valeur les ressources gastronomiques de la Loire. C'est dans un de ses restaurants, à la Chébuette, que fut inventée la recette du beurre blanc.

Maraîchage.

CIRCUIT **29**

Entre champs et Divatte

16 km • 4 h

VARIANTE : 9 km • 2 h 15

Localisation

La Chapelle-Basse-Mer à 17 km à l'est de Nantes par la D 751 (la Divatte) ou par la N 23 (Paris) et le pont de Thouaré-sur-Loire.

Accès au départ

Viaduc de la D 31 à la sortie nord-ouest du bourg.

Bleu - Jaune.

A voir

- Point de vue « La vallée de la Loire et Nantes ».
- Eglise Notre-Dame (XIXe s.).
- Moulins.
- Châteaux.

A faire

- Découverte du port de La Pierre Percée.

Maison de vigneron.

Un circuit varié à travers les vignes et les terres maraîchères pour découvrir le charme de vieilles demeures en pierre et d'anciens moulins.

au fil du parcours

Du viaduc, prendre la direction de la Mare-Noire. A la Fosse-aux-Loups, tourner à gauche et aller jusqu'à la Cossinière.

1 Prendre à droite la direction de la Toucquère. Poursuivre jusqu'à la D 7 qu'on suit sur 100 m, puis prendre à gauche jusqu'au moulin en ruine.

2 Tourner à droite en direction de l'Auberdière. Avant le village, tourner à gauche, puis à droite vers la Sangle. Dans le village, prendre le chemin à droite puis, à gauche, prendre la portion de route jusqu'au Taillis.

3 Prendre le chemin à droite, puis longer le domaine du château de la Berrière et suivre la route jusqu'à la Guillonnière.

4 A la Guillonnière, traverser la route de Barbechat en direction de la Mostelle. Franchir la D 31. Laisser la Bretesche sur la gauche.

Serres maraîchères.

5 A la route du Praud, prendre à gauche sur 100 m puis à droite. Une fois à la Pironnière, prendre encore à droite puis à gauche vers la Chenardière.

6 Longer la propriété et aller vers le Beau-Chêne à droite. Après le village, passer devant le château d'eau.

La Pierre Percée.

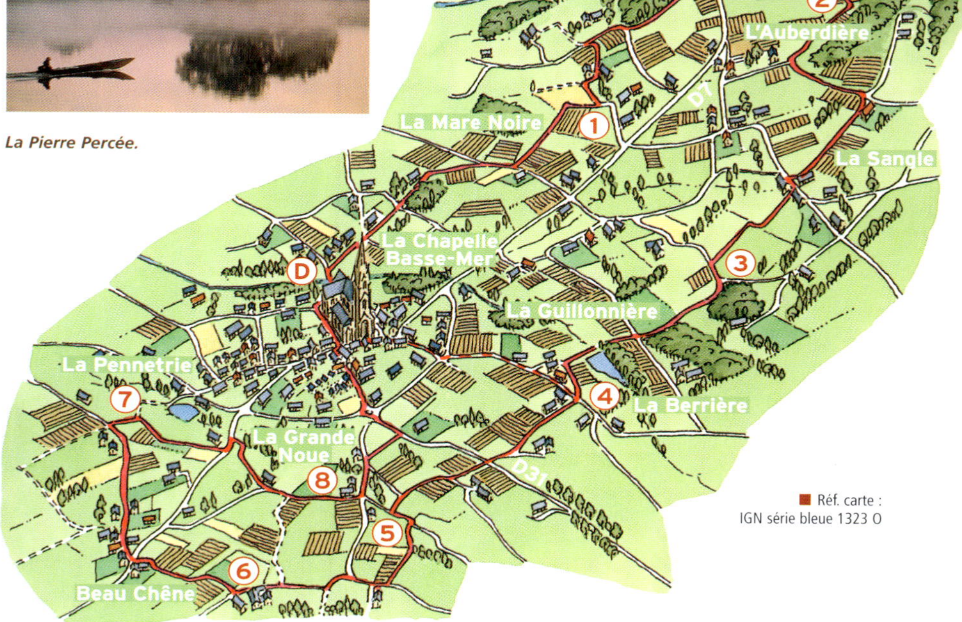

■ Réf. carte : IGN série bleue 1323 O

7 Tourner à droite vers la Pennetrie et encore à droite vers la Grande-Noue.

8 Après l'ancien moulin, à la Petite-Noue, prendre à gauche et rejoindre le bourg.

Variante : En **4**, rejoindre les Rollées puis se diriger vers le bourg. Traverser la rocade et prendre en face la rue Chanteclair. Passer la rue d'Anjou et emprunter à droite le chemin des Jarrys, qui ramène au viaduc (attention balisage bleu).

Hors circuit : En **2**, descente possible à gauche jusqu'à la Divatte par la Bréhardière.

Maison de pêcheur.

Architecture « méridionnale »

Rive droite, rive gauche. Symboliquement, la Loire continue de marquer une frontière entre le Sud et le Nord, et l'architecture est là pour la souligner. De ce côté du fleuve, l'ardoise a disparu des toits et la tuile dessine une bordure de dentelle. Le long du fleuve, la maison traditionnelle du pêcheur est généralement de petite taille, souvent construite sur une butte de terre et élevée d'un étage en prévision des crues. Dans les terres, la maison du vigneron peut être de plain-pied, de type « longère ». Certaines possèdent un étage où se trouve la pièce principale, desservie par un escalier extérieur, au-dessus du cellier qui abrite les tonneaux et le pressoir. Plus conséquente, d'autres sont des « logis de maître ». Sobres, à l'image du travail austère et rigoureux de son propriétaire, elles comportent plusieurs pièces selon la richesse de son occupant.

Circuit des moulins et de l'Ouen

Héron bihoreau.

Superbe promenade au milieu des vignes avec d'immenses panoramas sur Nantes et le marais de Goulaine.

15 km • 3 h 45

VARIANTE 1 : 8 km • 2 h
VARIANTE 2 : 4 km • 1 h

Localisation

Le Loroux-Bottereau à 20 km à l'est de Nantes sur la D 115 par la N 249 (Cholet).

Accès au départ

D1. Parking du Palais des Congrès. D2 Parking du pont de l'Ouen.

Jaune - Vert.

Sentier inondable en hiver.

A voir

- Point de vue. « Nantes et le marais de Goulaine ».
- Moulin du Pé et croix du Christ-Roi (XVIIIe s.).
- Vestiges de château (XVe s.).
- Eglise Saint-Jean-Baptiste (XIXe s.).

A faire

• Visite historique du Loroux-Bottereau • promenade et découverte des marais en barque, Office de tourisme, 02 40 03 79 76.

au fil du parcours

A droite du Palais des Congrès, monter la rue du Square. En haut, prendre à droite et, avant le stop, tourner à gauche. Traverser les vignes et continuer tout droit.

1 Au moulin Chartrie, prendre à gauche et 200 m plus loin à droite. Au calvaire dans les vignes, bifurquer à droite et longer un chemin creux. A l'intersection en T, prendre à droite jusqu'au moulin du Pé et à la croix du Christ-Roi.

2 Aux cultures maraîchères, tourner à droite. Traverser la D 307 et, 200 m plus loin, prendre à droite. A la route, tourner à gauche puis à droite dans la Faveltière. A la rue du Petit-Clos, descendre à gauche.

3 Au Bas-Coudray, continuer en face en suivant le balisage vert. A la D 7, prendre à gauche et aussitôt à droite. Traverser la D 104 vers la Giraudière.

4 Tourner à droite, suivre la butte de la Roche et le fléchage en bois.

5 A la table d'orientation, reprendre à gauche et traverser les vignes.

6 Avant le village de la Coinderie, s'engager à gauche dans les vignes et reprendre le circuit aller.

3 Tourner à gauche et suivre le balisage jaune. Traverser la D 7 et prendre en face dans les vignes.

Marais de Goulaine.

Un marais au cœur des vignes

La butte de la Roche offre une vue panoramique sur le vignoble jusqu'aux portes de Nantes. À ses pieds, le pont de l'Ouen, pont de pierre que la légende attribue à un pacte passé entre saint-martin de Vertou et le diable, traverse le marais de Goulaine qui étend son réseau de canaux sur 1200 ha. Sauvage et impénétrable jusqu'à la fin du second Empire, le marais devint ensuite la propriété de nombreux riverains qui en firent une mosaïque de parcelles balisée de saules. Ses terres asséchées en été permettent de maintenir les activités agricoles de fauche et de pâturage. Inondées de l'automne au printemps, elles sont un refuge pour la faune et la flore et une importante frayère à brochets.

Marais de Goulaine.

LE SAVIEZ-VOUS

L'une des rares statues de Louis XVI qui existent en France a été érigée sur la grand-place du Loroux-Bottereau, en souvenir des soldats morts pour le roi pendant la Révolution.

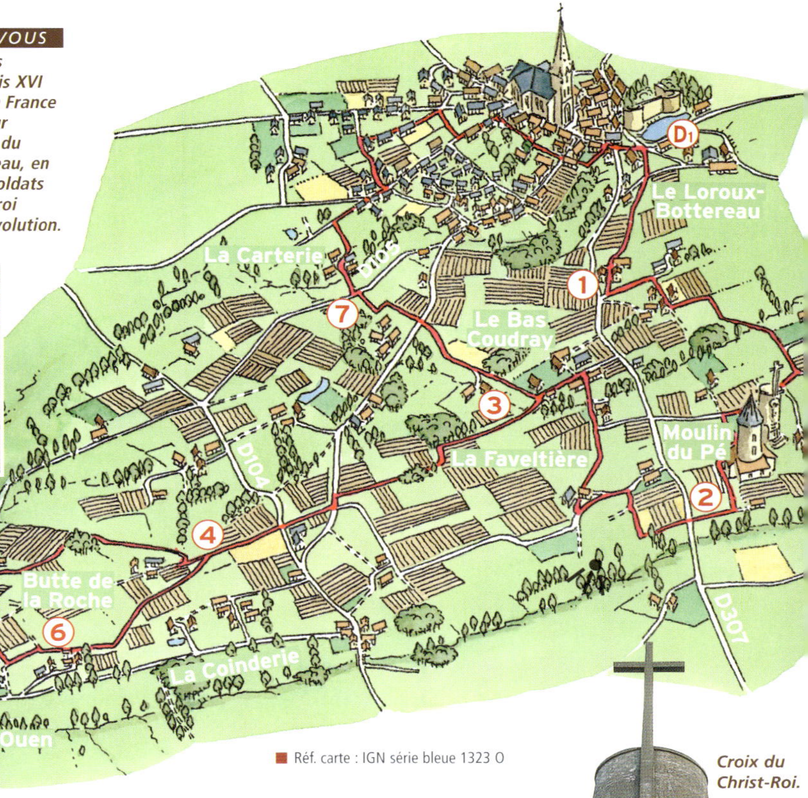

■ Réf. carte : IGN série bleue 1323 O

Croix du Christ-Roi.

7 Au bout des vignes, tourner à droite. Couper la D 105 et continuer vers la Carterie, puis prendre à droite. A l'entrée du bourg, emprunter à gauche la rue du Moulin-de-la-Landelle et tourner à droite avant le stop. Dans un dédale de ruelles, rejoindre le départ.

Variante 1 : En partant de D1, en **3** prendre à droite pour rejoindre le circuit en **7**.

Variante 2 : En partant de D2, suivre le balisage vert et le fléchage en bois pour monter en **5** vers **6**. En **4** prendre à gauche pour rejoindre le départ.

Circuit des ombrages

17 km • 4 h 30

Localisation

Le Landreau à 30 km à l'est de Nantes par la N 249 (Cholet), sortie à Vallet, puis la D 37.

Accès au départ

Parking au plan d'eau des Nouëlles.

Vert.

A voir

- Marais de Goulaine.
- Cabanes de vigne.

A faire

Présentation du travail de fabrication du pain virgule, La Gauterie. 02 40 06 46 80.

Un subtil dosage de vignes et de pâturages, de taillis et de chemins en sous-bois, pour dominer les marais de Goulaine et vous évader vers des horizons lointains.

Cabane de vigne.

au fil du parcours

Du parking, longer le plan d'eau à gauche par le sentier du Clos-des- Barres. Aux vignes, tourner à gauche et au stop, prendre en face. Au second stop, emprunter la rue des Ecoles. Traverser les vignes, puis les longer.

1 Au village du Coteau, suivre la D 37 sur 100 m, enjamber la glissière de sécurité et se faufiler entre les arbres pour reprendre l'ancienne route. Tourner à gauche vers Beauchêne et, 100 m plus loin, s'engager à droite dans un chemin ombragé. Traverser la Renouère et, à la sortie, prendre à droite entre les vignes. Suivre le chemin stabilisé jusqu'à la Bodinière. Dans le village, prendre à droite et aussitôt à gauche.

2 Tourner à gauche dans les vignes et les contourner. Puis traverser la route, rentrer dans le sous-bois et, à Braud, prendre d'abord à gauche et aussitôt à droite.

3 Bien bifurquer à droite dans le taillis, et à gauche à sa sortie pour rejoindre la Guilbaudière. Tourner à droite vers le Buisson et continuer tout droit.

4 S'engager à droite dans le taillis des Loges et à gauche 100 m plus loin. Suivre le chemin empierré. A la Houissière, continuer en face et, à la route, tourner à gauche vers le Rosier. A Saint-René, continuer tout droit et suivre le sentier.

Gabare.

■ Réf. carte :
IGN série bleue 1323 O et 1323 E

5 Aux vignes, tourner à droite, longer le plan d'eau, traverser la D 55 et remonter le coteau. Bifurquer à droite vers la Brunetterie et, avant le village, prendre à gauche. Continuer tout droit entre les vignes. A une route, tourner d'abord à droite, puis à gauche 200 m plus loin. Continuer dans les vignes en se dirigeant tantôt à gauche, tantôt à droite. A Rinsouze, prendre à droite et, 250 m plus loin, à gauche.

6 Avant les Plesses, emprunter le chemin à gauche. Tourner à droite avant les Corbinières et continuer tout droit entre les vignes. Traverser la D 37 et se diriger vers la Charpenterie en bifurquant à gauche.

7 Prendre à gauche dans le virage de la Charpenterie, et encore à gauche au bout du chemin. 50 m plus loin, tourner à droite et rejoindre le plan d'eau du départ.

LE SAVIEZ-VOUS

LA LÉGENDE DU ROCHER DU DIABLE

Elsa, pour séduire un seigneur, demanda l'aide du diable en échange de son premier-né. Mais, à la place de son enfant, elle lui remit une relique d'un saint. Fou de rage, le diable donna un coup de poing dans un rocher et y fit un trou, où l'on peut encore passer la main.

Le transport du vin

Dans le marais de Goulaine, des petits ports témoignent de l'activité fluviale qui s'est maintenue jusqu'à ce que l'aménagement de portes et de vannes, au XIXe siècle, interrompe toute communication avec la Loire par la Goulaine. En plein cœur du vignoble, les canaux du marais étaient alors de grande utilité, servant de voies de transport à la production des vignerons. Au Landreau, les tonneaux de vin étaient embarqués sur des gabarres aux ports du Bordage et du Millau et acheminés jusqu'à Nantes. Le port du Millau est aujourd'hui, de l'automne au printemps, un point de départ pour des promenades en barque dans le marais.

CIRCUIT **32**

La Sèvre et la Sanguèze

15 km • 3 h 45

La Sèvre : 8 km • 2 h
La Sanguèze : 7 km • 1 h 45

Localisation

Le Pallet à 22 km au sud-est de Nantes par la N 149 (Clisson).

Accès au départ

Parking à la chapelle Saint-Michel.

Bleu.
Orange.

A voir

• Lavoir et chapelle des Goheaux (XIVe s.).
• Moulin du Pé-de- Vignard.
• Port-Domino.
• Le Pé-de-Sèvre.
• Le château de la Galissonnière (XVe s.).
• Ruines du château d'Abélard et chapelle Sainte-Anne (XIe s.).

A faire

Musée du Vignoble nantais, 02 40 80 90 13.

Deux balades à travers de riches vignes d'un muscadet réputé, la Sèvre qui vous invite à la découverte de la Sèvre Nantaise, et la Sanguèze, pleine du souvenir des amours tumultueuses d'Héloïse et d'Abélard.

au fil du parcours

La Sèvre (balisage bleu) : Du parking, emprunter le chemin des Gohaux jusqu'à la Sèvre *(sentier botanique).*

Le Pé de Sèvre.

1 Prendre à droite et longer la Sèvre jusqu'au pont de Monnières.

2 Au pont, prendre la route à droite, puis à gauche vers Port-Domino.

3 Avant le Pé-de-Sèvre, prendre à gauche, puis à droite, en suivant le sentier boisé sur 1 km. Emprunter ensuite le chemin à droite pour monter au point de vue sur le vignoble. Au Pé-de-Sèvre, suivre la route à gauche sur 500 m.

4 Prendre ensuite à droite le chemin d'exploitation et, après la Jeannière, prendre à gauche vers les vignes.

5 Longer le château de la Galissonnière et parcourir le domaine par un sentier longeant la route. Tourner à droite avant le passage à niveau et longer la voie ferrée.

6 Prendre à gauche le passage sous la voie ferrée pour rejoindre le départ.

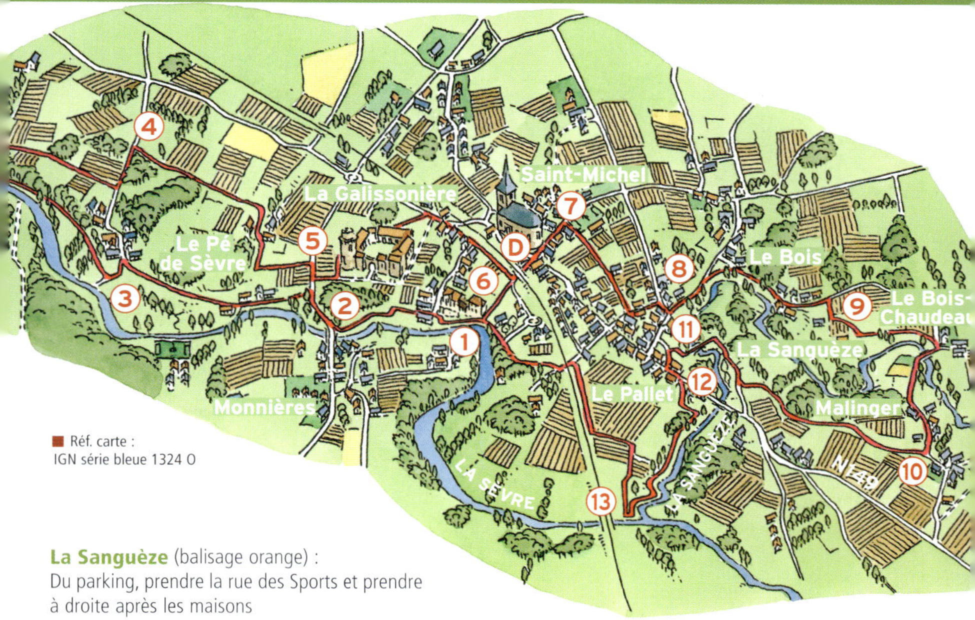

■ Réf. carte :
IGN série bleue 1324 O

La Sanguèze (balisage orange) :
Du parking, prendre la rue des Sports et prendre à droite après les maisons

7 Traverser le terrain des sports vers l'église, et prendre à gauche la rue Saint-Etienne, puis à droite la rue des Vignes.

8 Prendre à gauche la rue des Templiers et emprunter le chemin qui descend à droite. Remonter la route jusqu'aux Bois puis tourner à droite vers la Haie-Pallet.

9 Avant les maisons, prendre à gauche vers le Bois-Chaudeau puis tourner à droite vers Malinger.

10 Prendre à droite le chemin à travers les vignes. Au village de la Sanguèze, traverser le pont de bois, et remonter le chemin Saint-Jean.

11 Prendre à gauche les rues Prends-y-garde et du Moulin-à-Cheval vers le site d'Abélard, traverser la N 149, puis prendre à gauche jusqu'au musée du Vignoble.

12 Après le musée, descendre vers la Sanguèze et la longer jusqu'à la Sèvre (sentier botanique).

13 Remonter le coteau à travers les vignes, longer la voie ferrée. Après le passage à niveau, descendre à gauche le chemin de la Fuie.

1 A la Sèvre, prendre à droite le chemin des Gohaux et rejoindre le départ *(sentier botanique)*.

Le musée du Vignoble

Outre une collection impressionnante de pressoirs et de centaines d'outils viticoles, du XVIIe siècle à nos jours, le musée du Vignoble permet de découvrir l'histoire de la vigne et des vignerons, de faire connaissance avec le terrible phylloxéra, puceron ailé qui, introduit par des plants américains, fit dépérir tous les ceps dans les années 1880, et de comprendre alors l'apparition du greffage et les techniques de modernisation qui suivirent. L'exposition suit le long processus de la fabrication du vin, fait un clin d'œil au folklore local et offre une découverte des différents cépages plantés dans « le conservatoire ». Le musée n'oublie pas l'enfant du pays, Pierre Abélard, né au Pallet en 1079. Philosophe, théologien et musicien, il était aussi l'amant d'Héloïse.

Circuit des moulins

11 km • 2 h 45

De larges horizons et des toits de tuile pour traverser les fiefs de vigne, approcher la Sèvre et goûter les ombrages.

Localisation

Monnières à 25 km au sud-est de Nantes par la N 137 (La Rochelle) sur la D 7 après Maisdon-sur-Sèvre.

Accès au départ

Parking, place de l'Eglise.

Jaune.

Sentier inondable en période de fortes crues.

Prévoir

A voir

- Point de vue : « La vallée de la Sèvre ».
- Grotte de Lourdes.
- Moulin de la Minière (XVIIIe s.).
- Village du Pont, maisons en pierre et four à pain.
- Vitraux de l'église.

A faire

Dans le moulin de la Minière, un escalier intérieur vous permettra de découvrir le panorama.

→ Aire de pique-nique.

au fil du parcours

Du parking, descendre à gauche de l'église et, 50 m plus loin, prendre une ruelle à droite. Traverser les vignes, longer le mur et tourner à gauche avant la Sèvre. Franchir un ruisseau, suivre la rivière et traverser le terrain de sports. S'engager à droite dans le sous-bois et dépasser la grotte de Lourdes.

La Sèvre.

1 A la route de la Bidière, tourner à gauche. Au moulin du même nom, prendre à droite entre les vignes vers le moulin de la Justice. Continuer tout droit, puis à gauche, toujours dans les vignes. A la route, tourner à gauche et, après le virage, prendre à droite. Bifurquer à gauche dans les vignes.

2 A la D 7, tourner à gauche et aussitôt à droite et, après les vignes, entrer dans le sous-bois. A la route, prendre à droite, couper la D 59 et tourner à gauche vers l'étang des Tuileries. Contourner l'étang par la droite et, à sa sortie, reprendre à droite, le long des vignes. Traverser de nouveau la D 59 et rejoindre le moulin de la Minière.

3 Au calvaire, continuer tout droit et, au second calvaire, tourner à droite vers les Loges. Traverser le village et longer la Sèvre. Dans le village du Pont, aller sur la place voir le four à pain à 50 m puis revenir et prendre la ruelle à gauche.

Réf. carte : IGN série bleue 1324 O

Des moulins en surplomb de la Sèvre

Échancrure verte au cœur du vignoble, la Sèvre Nantaise fut longtemps le seul moyen de transport du vin jusqu'à Nantes. Venue des Deux-Sèvres, elle rejoint la Loire à Rezé, et est ponctuée de nombreux ports et cales. On l'utilisa comme énergie motrice au XIXe siècle et des moulins furent construits sur ses rives. A Monnières, subsistent les ruines d'un moulin à eau. Sur les coteaux, ils sont à vent. Accessible, celui de la Minière offre une vue d'ensemble sur les vignes et le bourg. Monnières serait issu du latin *molinarias*, signifiant moulin ou meunier.

4 *En période estivale*, passer sous le pont et remonter à gauche vers les vignes, puis rejoindre l'église. En hiver, tourner à gauche avant le pont, couper la D 7 et prendre en face à droite le chemin pentu. Prendre en face dans les vignes et rejoindre l'église.

En haut : ***Moulin de la Minière.***
À droite : ***Pont de Monnières.***

Soif de Nature

Martin-pêcheur.

Au pays du vignoble, parmi les coteaux et les sous-bois, une récolte de chemins creux bordés de rivières et une abondance de nature.

13 km • 3 h 15

VARIANTE : 3,5 km • 45 min

Localisation

Maisdon-sur-Sèvre à 25 km au sud-est de Nantes par la N 137 (La Rochelle) puis la D 7.

Accès au départ

Parking de Pont-Caffino à Château-Thébaud.

Jaune.

Sentier inondable en hiver.

Prévoir

A voir

- Vallée de la Maine.

A faire

- Escalade, canoë-kayak à la base de loisirs de Pont-Caffino.
- Goûter à la ferme et visite d'exploitation, 02 40 54 60 78.

au fil du parcours

Du grand parking, franchir la Maine, remonter la route sur 50 m et prendre le chemin à droite.

1 En haut de ce chemin, bien tourner à gauche avant les vignes. Traverser le sous-bois, bifurquer à gauche dans les vignes et rejoindre Saint-Georges. Tourner à droite avant la première maison. A la Haie-Trois-Sous, prendre la D 74 à droite et aussitôt à gauche. Traverser le village, serpenter dans les vignes en continuant vers la droite pour retrouver une route. Marcher tout droit entre les vignes.

2 Couper la D 74, bifurquer à gauche dans le chemin et le suivre jusqu'à la D 58. Se diriger vers la Bordelière et rejoindre la Maine.

3 Tourner à droite et suivre le balisage jaune et rouge. Remonter le coteau, traverser les vignes et prendre à gauche pour les longer de nouveau. Retrouver la Maine et la suivre jusqu'à la D 58.

4 L'emprunter à droite sur 600 m. Tourner à gauche vers les Roussières, puis à droite. Au calvaire, prendre à gauche, dépasser le Pâtis et tourner à gauche vers les Landes. Dans le village, prendre le chemin à gauche entre les vignes.

La vallée de la Maine.

5 Tourner à gauche dans les vignes, puis à droite 250 m plus loin et aussitôt à gauche pour rejoindre la Maine. Longer la rivière jusqu'à Pont-Caffino.

Variante : En **1**, tourner à gauche en bordure des vignes. A un puits, prendre à droite et aussitôt à gauche pour rejoindre le circuit en **5**.

Pont-Caffino.

En descendant la Maine

Vendéenne d'origine, la Maine a creusé une vallée encaissée et boisée avant de rejoindre la Sèvre Nantaise à Vertou. A Maisdon-sur-Sèvre, son lit se resserre, enjambé par un pont à trois arches. Ce port était autrefois le terminus de la Maine navigable où l'on embarquait les céréales, les engrais et essentiellement les fûts de muscadet et la pierre à bâtir, extraite de la carrière de schiste toute proche. Aménagée dans cette ancienne carrière, la base de loisirs de Pont-Caffino s'étend sur 8 ha. Créée en 1971, elle a pour objectif de faire découvrir les sports en pleine nature. Ainsi, peut-on prendre des cours d'initiation au canoë et au kayak ou partir seul en louant une embarcation, pratiquer l'escalade le long des falaises, qui offrent des voies de 15 à 40 m. La vallée est sauvage, encadrée de noisetiers, d'aulnes, d'acacias et de bouleaux. Des sentiers sont ouverts à la promenade et des bosquets promettent pique-nique et parties de pêche.

Portes.

Terre de fer et ciel de feu

LE TERRITOIRE était couvert de forêts et le sol riche en minerai de fer. Il ne manquait plus que de l'eau et l'homme inventa les étangs. Ainsi, naquit la métallurgie dans le pays de Châteaubriant. Au XVIIe siècle, apparurent les forges à hauts-fourneaux, les moulins et les barrages. Le bois, alors

Les forges.

utilisé pour le chauffage et la construction, serait désormais destiné à alimenter les forges en charbon de bois. On élabore une technique en deux temps : la fonte est produite dans le haut-fourneau et affinée dans la forge hydraulique pour donner du fer. Destinée, entre autres, à la construction navale nantaise, la production est acheminée à partir de Nort-sur-Erdre sur la rivière. Mais l'histoire a une fin. Au XIXe siècle, la forge dite à l'anglaise supplante la forge à haut fourneau, le coke remplace le charbon de bois et les machines à vapeur font leur apparition. La découverte de l'acier s'en mêle et accélère la chute de la métallurgie au bois. Au bord des étangs, les sites des forges respirent aujourd'hui l'austérité et la nostalgie des lieux qui, glorieux le temps d'une page

Lueurs matinales à Abbaretz.

Etangs des forges.

d'histoire, ont dû vendre leur âme à des lendemains nouveaux. Fenderies, halles à charbon, maisons de maîtres et villages ouvriers en portent le souvenir, entre landes et forêts dans des sites reposants.

Pays du bois, du fer et de l'eau, le pays de Châteaubriant ne s'arrête pas aux forges. À Erbray, le sol est riche en calcaire et l'on produisait la chaux. A Abbaretz, la mine d'étain était déjà exploitée par les Celtes. De toutes ces richesses,

Les forges.

cachées dans les sous-sols du pays, il en est une qui égaille la campagne de teintes bleutées. C'est une pierre lisse, qui se laisse fendre et sculptée, et que l'on trouve aussi bien dans les colonnes du château de Châteaubriant, sur le parvis d'une chapelle que dans la cour d'une simple ferme. C'est le schiste, qui marque l'architecture locale. Sombre et austère, il est utilisé pour la maçonnerie et le minerai de fer lui donne des nuances rouges. Les clôtures de palis, longues et larges dalles fendues, habillent la campagne : les linteaux de portes, les lucarnes, les margelles de puits, les bordures des trottoirs ou les escaliers à vis moyenâgeux. Tout bâti, dans le pays, a droit à son petit coin de bleu.

La Mine

Etang de la mine.

6,5 km • 1 h 30

Localisation

Abbaretz à 45 km au nord de Nantes par la N 137, sortie Puceul puis la D 35.

Accès au départ

Parking de la salle polyvalente.

Vert.

Suivre strictement le sentier.

Ne pas franchir les barrières de sécurité.

Respecter le milieu naturel.

A voir

- Châtaignier des Nonneries.
- Le terril.
- Ancienne cité minière.
- Le bourg d'Abbaretz et ses maisons en schiste.

A faire

- Ascension du terril.
- Musée Agri-Rétro, 02 40 55 19 71.

Un site unique pour randonner au cœur des vestiges de l'ancienne mine d'étain de la commune, des rives escarpées de l'étang aux paysages lunaires de l'imposant terril.

Châtaignier des Nonneries.

au fil du parcours

Du parking, dirigez-vous vers la Salle des fêtes et son petit plan d'eau

1. Traverser le parc, le bois de peuplier, puis longer les champs.

2. Arrivée à l'étang de la Mine. Prendre à droite à travers bois.

3. A proximité de l'aire de départ de ski nautique, prendre à droite vers le terril. Traverser le parking, puis la D 2 qui sépare l'étang du terril - Ascension possible du terril. Faire le tour du terril par la droite, puis couper à nouveau la D 2 pour rejoindre l'étang et prendre à droite pour découvrir l'autre partie du plan d'eau.

4. Prendre à gauche pour rejoindre le parking par l'ancienne cité minière et le bourg d'Abbaretz.

■ Réf. carte :
IGN série bleue 1221 E

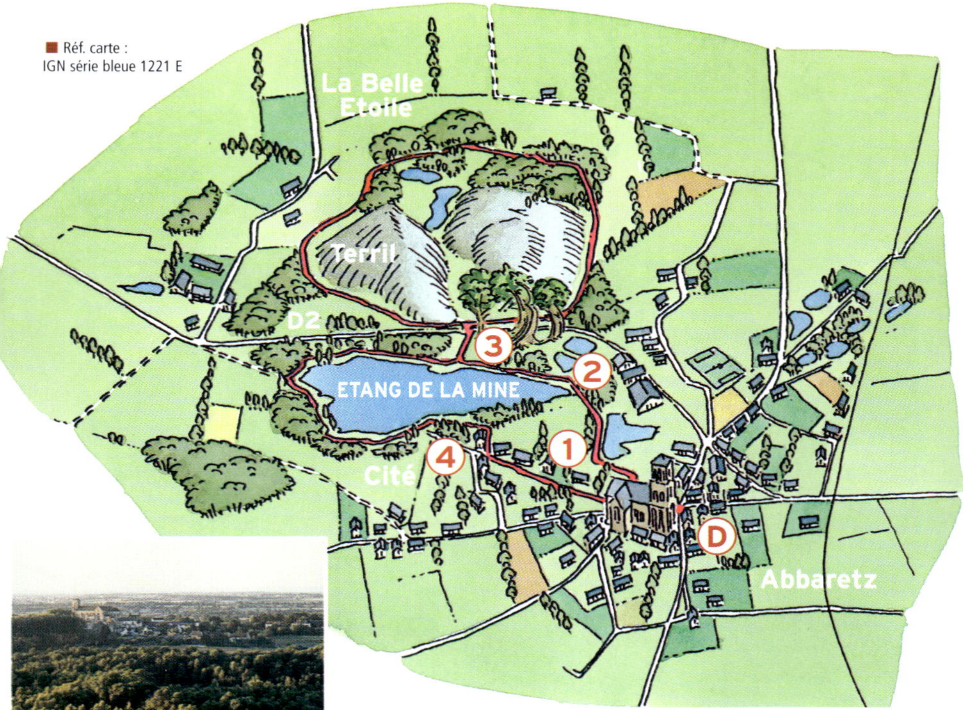

Le terril.

Une montagne dans la campagne

Un monticule désertique à 80 m d'altitude et un étang de 15 ha à ses pieds. La « montagne » du pays de Châteaubriant est un terril, que l'accumulation de déchets stériles sortis de la mine d'étain a progressivement formé. Le site était déjà exploité par les Celtes et devint l'une des plus importantes sources d'étain du monde antique. Il fut abandonné pendant quinze siècles puis réouvert dans la première moitié du XXe. Transformé en base de loisirs, il permet aujourd'hui de pratiquer parapente, luge de sable, deltaplane et ski nautique. Un sentier de 3 km ou un escalier de deux cents marches permettent de monter au sommet.

Le terril.

LE SAVIEZ-VOUS

En bordure de route, non loin du châtaignier des Nonneries, vous pourrez apercevoir la silhouette de la cheminée d'un haut-fourneau (privé) qui, pourtant, n'a jamais tourné. Illusion d'un homme ou malchance, ce haut-fourneau a été construit en 1827 par le comte Geoffroy d'Abbans, qui était convaincu que le site pourrait devenir le « fer de lance » de l'industrie française.

Les manoirs

Manoir.

11,5 km • 3 h

Localisation

Nozay à 40 km au nord de Nantes par la N 137 (Rennes).

Accès au départ

Jardin public de Nozay, sur la route du Vieux-Bourg, derrière l'église paroissiale.

Jaune.

A voir

- Manoirs de la Naulière (XVIe-XVIIe s.) et des Grées (XVIe s.).
- Lavoir et fontaine Saint-Pierre (XVIe s.).
- Prieuré Saint-Saturnin (XVIe s.).
- Château de la Touche (1827) et ancien château de la Ville-au-Chef.
- Moulin de la Villatte (XVIe s.).
- Minoterie.

Ce circuit fait partie d'un des chemins de découverte de la « pierre bleue », schiste aux reflets ardoisés présent dans de nombreuses constructions, manoirs, logis, croix et clôtures.

au fil du parcours

Traverser le jardin public et tourner à gauche après la seconde passerelle vers la fontaine Saint-Pierre et son lavoir en schiste. Tourner à droite vers le prieuré Saint-Saturnin, le contourner par la droite et prendre en face le chemin des Masses qui longe le parc du château de la Touche.

Lavoir.

1 Face à l'entrée du château, tourner à droite vers le manoir de la Naulière, puis à gauche pour rejoindre le logis de la Grande-Villatte.

2 Contourner le logis par la droite et rejoindre l'ancienne voie ferrée Saint-Nazaire - Châteaubriant. Suivre à droite cette voie sur 2,5 km.

3 Au village de Brossay, prendre à droite et, 400 m plus loin, juste après la croix en schiste de Ligou, prendre le chemin de terre à gauche vers les Grées.

4 Au pont de la Ville-au-Chef, prendre à droite.

5 Contourner par la droite le village des Grées et emprunter le chemin de terre qui mène aux Mernais, *typique village de caristes.* Aux Mernais, prendre à gauche avant de suivre à droite le chemin de terre en face.

LE SAVIEZ-VOUS

Pour avoir la protection de saint Pierre, les mamans du village baignaient leurs enfants dans la fontaine à chaque 1er août.

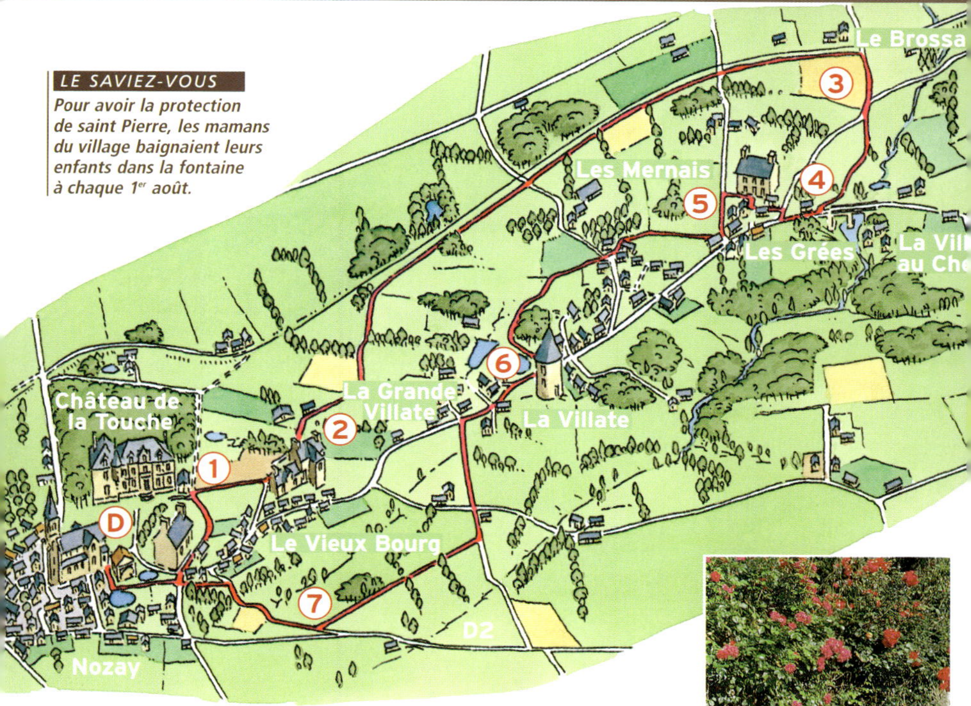

■ Réf. carte : IGN série bleue 1221 E

6 Au moulin de la Villatte, prendre à droite. Après le village de la Villatte, emprunter une route à gauche. Après la croix de la Basse-Hunière, traverser le carrefour et prendre le chemin à droite.

7 A l'extrémité de ce chemin, poursuivre à droite et contourner le cimetière jusqu'au prieuré Saint-Saturnin pour regagner le point de départ.

Palis en schiste.

Le pays bleu

La mode est au bleu dans ce coin de pays. Au bleu de la pierre locale, le schiste, dont Nozay est le berceau des carrières. Les principales se situaient près des villages de la Villatte, des Grées et de la Ville-au-Chef, et procuraient près de trois cents emplois au début du XXe siècle. Utilisé dans la construction, il habille les manoirs, comme par exemple celui des Grées, mais il sert tout aussi bien dans l'architecture rurale et populaire, pour les clôtures, les lavoirs, les fontaines, les croix des chemins et les calvaires. Du latin *schistus*, « qui se fend », la pierre de Nozay est débitée en blocs. Son utilisation varie en fonction de son épaisseur.

Fontaine.

La lande du Don

Site des forges.

12 km • 3 h

VARIANTE : 6 km • 1 h 30

Localisation

Moisdon-la-Rivière - Grand-Auverné à 50 km au nord de Nantes par la D 178.

Accès au départ

D1, site de la Forge-Neuve à Moisdon-la-Rivière - D2, place de l'Eglise à Grand-Auverné.

Jaune.

- *Prudence, dénivellations et passages escarpés.*
- *Sentier inondable en hiver et fermé en période de chasse.*

A voir

- Anciennes forges hydrauliques (XVIIe s.) et anciennes ardoisières en schiste.
- Manoir du Maître-des-Forges (privé, XVIIIe s.).
- Etang de la Forge.
- Landes de schiste.

A faire

- Visite de la Forge-Neuve, 02 40 07 61 07.
- Eglise Saint-Jouin (XIe s.).

Un sentier escarpé, de charme, tapissé d'ardoises et des plantes caractéristiques de la lande, enveloppé de l'atmosphère des anciennes forges, et où alternent ombrages et trouées de quiétude sur le Don.

au fil du parcours

La lande.

Départ 1 (D1) : Du parking et face à la grande halle, emprunter à gauche le chemin herbeux qui longe le manoir du Maître des Forges et suivre le sentier schisteux en hauteur du Petit Don.

1 A la route, reprendre aussitôt à gauche le sentier qui franchit le ruisseau et longer à nouveau le Petit Don.

2 Aux virages du Val (**Départ 2**), prendre à gauche entre la glissière et la clôture de palis. Après le pont, passer la chicane, bifurquer à gauche et continuer en bas du pré, puis remonter sur la lande et longer la clôture.

3 A la sortie du sentier, prendre le chemin stabilisé de gauche (pour ceux qui arrivent de Grand-Auverné, prendre à droite). 400 m plus loin, tourner à gauche dans la lande. Suivre le balisage à travers les ajoncs et longer le Petit Don. A la route, prendre à gauche.

4 Tourner à droite avant le pont et monter sur le plateau qui borde le Don.

5 Franchir à gauche le pont sur le Don et reprendre, aussitôt à gauche, la passerelle pour longer l'autre rive. Rejoindre le pont précédent et continuer en face, le long de la rivière, d'abord en hauteur puis au bord de l'eau pour découvrir le déversoir. Puis remonter à gauche et rejoindre le parking du départ.

Variante : En 4, franchir le pont, tourner à gauche à sa sortie pour longer la rivière et rejoindre le départ.

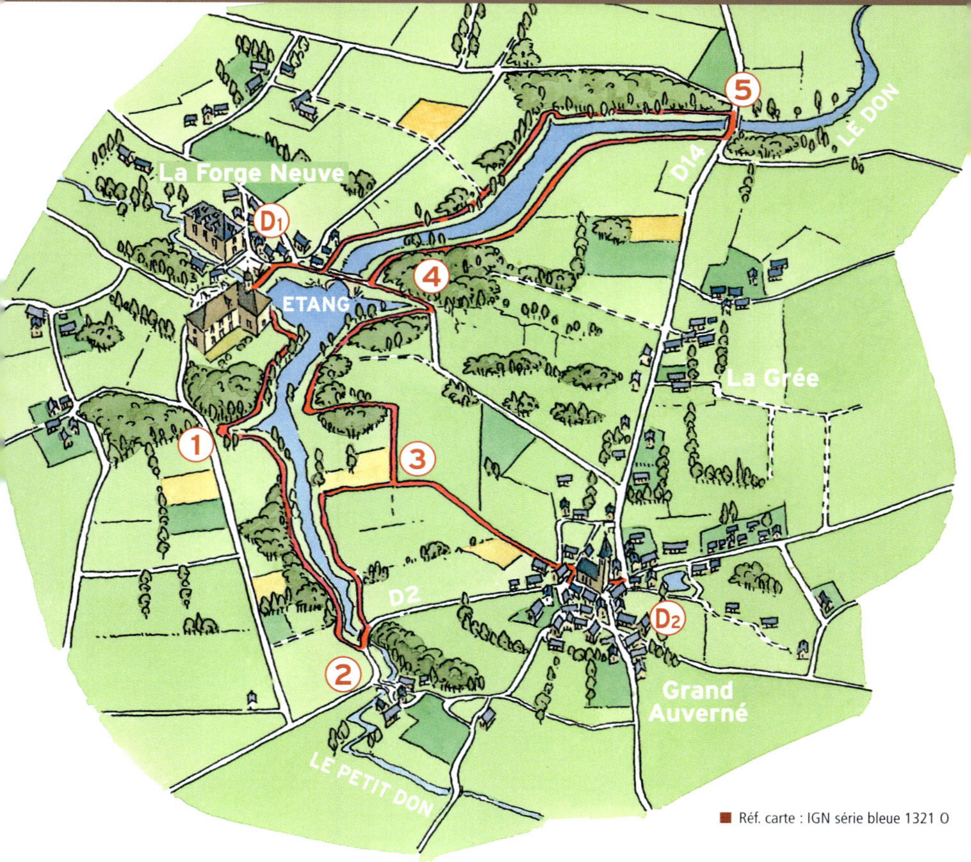

■ Réf. carte : IGN série bleue 1321 O

Au pied des landes, la Forge-Neuve

Implantée en 1668, la Forge-Neuve est restée parmi les plus importantes forges de France pendant plus d'un siècle. Les maisons de maîtres du XVIIIe siècle, celles des ouvriers et la grande halle à charbon sont les vestiges de cette industrie qui, très active pendant la Révolution, fournit, entre autres, le fer et la fonte destinés aux canons d'Indret, près de Nantes. Autour de l'étang, la lande se nourrit de l'acidité des sols schisteux nécessaire à son développement. Si, en pilant les ajoncs pour les chevaux et en ramassant les bruyères et les fougères pour la litière, les agriculteurs favorisaient autrefois le développement de la lande sèche, les pins ont pris possession des lieux depuis les années 1950. Une dizaine d'espèces végétales rares continuent de s'épanouir à leurs pieds, comme par exemple l'hélianthème en ombelle.

Étang de la forge.

La Cône

Calvaire.

15 km • 3 h 45

VARIANTE 1 : 6 km • 1 h 30
VARIANTE 2 : 11 km • 2 h 45

Localisation

Louisfert à 45 km au nord de Nantes par la N 137, sur la N 171 (Châteaubriant).

Accès au départ

Parking, place de la Mairie.

Bleu.

A voir

- Calvaire (1871-1892).
- Château de Caratel (XVIIe s.).

A faire

La maison d'écrivain de René Guy Cadou, 02 40 81 22 64.

Des sentiers verts ombragés où alternent cultures, sous-bois et forêt, au pays de l'instituteur et poète René Guy Cadou.

au fil du parcours

Dos à la mairie, prendre à gauche, passer devant l'église et emprunter à droite la rue du Pâty. Après le lotissement, tourner à gauche devant la plantation et la suivre jusqu'à la route. Avant la Jumelais, prendre le chemin à gauche et encore à gauche, 200 m plus loin. Puis, suivre à gauche le chemin stabilisé et traverser la route. Après la centrale électrique, prendre le chemin à gauche et couper la D 40.

1 S'engager dans le chemin à droite et continuer jusqu'à l'ancienne voie ferrée. A une intersection, la reprendre à gauche, puis emprunter la route. A la maisonnette, tourner à gauche.

2 Face au château de Caratel, prendre à gauche et, au moulin du Bois-Vert, tourner à droite.

3 Franchir le gué ou la passerelle de la Cône. Traverser la route de la Chaussée ; à la Morinais, tourner à gauche et, à la Noë, prendre le chemin à droite.

4 Emprunter à gauche le chemin stabilisé puis marcher en lisière de la forêt pavée. A la sortie, tourner à gauche, puis à droite. Avant la Riolais, prendre à gauche vers la Bréchetais et traverser le village.

Château de Caratel.

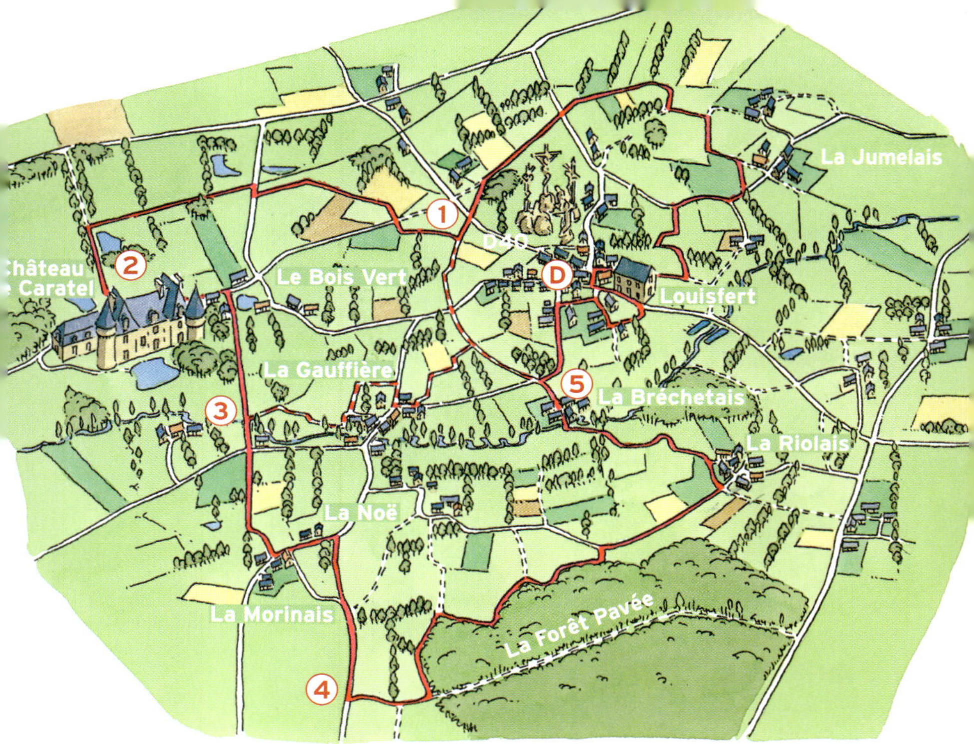

■ Réf. carte : IGN série bleue 1221 E ert 1321 O

❺ A l'intersection suivante, tourner à droite et, à l'entrée du bourg, bifurquer à droite vers la Grange aux Poètes. Emprunter à droite la rue Saint-Joseph. Suivre la route sur la gauche, et encore à gauche pour rejoindre l'église en passant devant la maison de René Guy Cadou.

Variante 1 : En ❶, continuer tout droit, suivre le balisage rouge jusqu'en ❺ et rejoindre le bourg.

Variante 2 : En ❸, tourner à gauche avant le gué, suivre le balisage jaune, puis rouge, jusqu'en ❺ et rejoindre le bourg.

Croix.

Fer et poésie

« Si le lieu est de fer, le cœur est d'or. » Telle est la devise de ce village dont l'origine latine du nom, *locus ferri*, évoque la richesse de son sol. Extrait en certains endroits à ciel ouvert, le minerai provoqua très tôt l'apparition des forges à bras dans la région. Elles fonctionnaient au charbon de bois, issu des nombreuses forêts du pays de Châteaubriant. Plus poétique fut le passage de René Guy Cadou qui s'installa dans la petite école de Louisfert en 1946. Il y enseigna jusqu'à sa mort, cinq années plus tard. C'est ici qu'il écrivit la plus grande partie de son œuvre.

René Guy Cadou.

Les deux Clochers

La maison de l'Ange.

16 km • 4 h

VARIANTE : 5 km • 1 h 15

Des portes de Châteaubriant au cœur de la vieille ville, ce circuit vous invite à la découverte de la magnifique campagne castelbriantaise.

Localisation

Châteaubriant à 68 km au nord de Nantes par la N 137 - N 171.

Accès au départ

Parking, place Charles-de-Gaulle devant le château.

Jaune.

Prudence lors de la traversée des routes, circulation importante sur la D 163.

A voir

- Point de vue. « Les deux clochers de Châteaubriant ».
- Château médieval (XIe - XIVe s.) et château Renaissance (XVIe s.) • Vieille ville.
- Maison de l'Ange (XVe s.).
- Eglise Saint-Jean-de-Béré (XIe s.).

A faire

- Visites du château, 02 40 28 20 20.
- Circuit historique de la vieille ville, Office de tourisme, 02 40 28 20 90.

au fil du parcours

Du château, prendre à droite rue du Château, puis à gauche Grande Rue pour découvrir la vieille ville. A l'Office de tourisme, tourner à droite rue de Couëré. Au feu, prendre à gauche et traverser la place de Radevormwald. Prendre à droite la rue du Bois-Péan, puis à gauche la rue de la Fontaine-Saint-Jean et à droite le chemin du même nom. Au bout, prendre à gauche rue du Prieuré-de-Béré et passer devant l'église.

1 Longer à gauche le cimetière et s'engager à droite après le Champ de foire. Contourner la halle de Béré, tourner à gauche juste après le terrain de sports et remonter le chemin à droite. Au calvaire, prendre à gauche et encore à gauche 300 m plus loin. A la station d'épuration, tourner à droite. Dépasser le village du moulin-Neuf.

2 A la dernière maison, emprunter une ruelle et, à l'intersection, prendre à gauche pour franchir la Chère. Au carrefour suivant, tourner à droite, traverser de nouveau la Chère puis, 100 m après, bifurquer à gauche.

3 Traverser l'ancienne voie ferrée, tourner à gauche au carrefour suivant puis à droite aux premières maisons de la Gerbinais. 200 m plus loin, bifurquer à droite dans le virage.

Parc du château.

4 A l'intersection, suivre la route à gauche, couper la D 772 et, 300 m plus loin, prendre à droite.

5 Remonter une prairie sur le côté droit et continuer pour découvrir les deux clochers de Châteaubriant. Puis traverser l'exploitation de la Rousselière, rejoindre la D 163 et

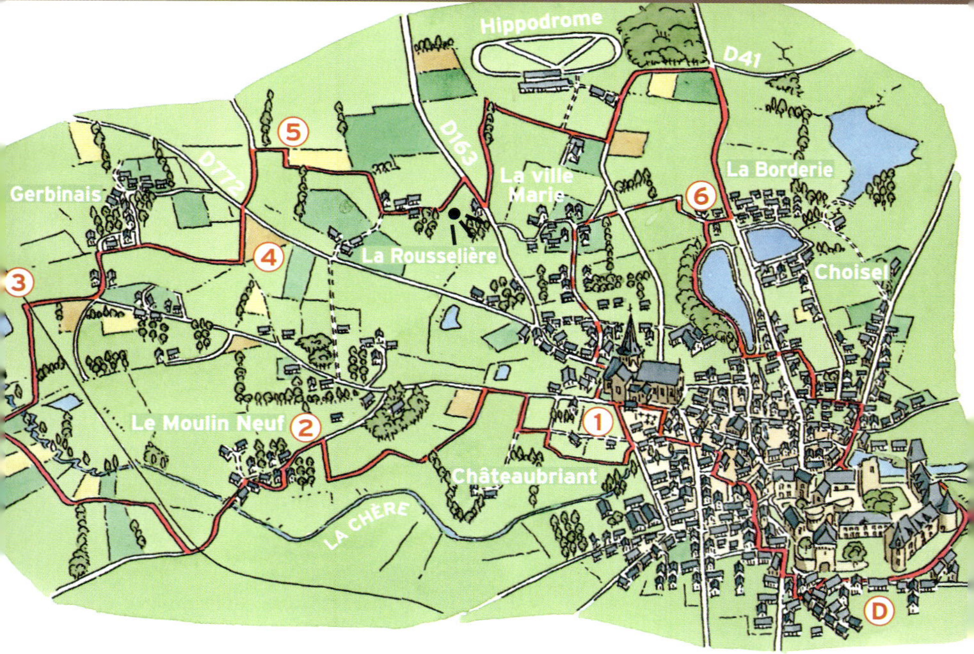

tourner à droite. 200 m plus loin, prendre à gauche, puis à droite avant l'hippodrome. A la sortie, remonter à gauche le chemin stabilisé et le suivre jusqu'aux étangs.

■ Réf. carte : IGN série bleue 1320 O

6 Tourner à droite vers le centre de loisirs de la Borderie. Prendre à gauche avant l'entrée et contourner l'étang de Choisel par la droite. Emprunter la digue. Traverser la D 41, continuer par le chemin puis tourner à gauche vers la D 178. Descendre à droite la rue des Déportés-Résistants. Au pied du château, prendre à gauche, rentrer dans le parc du Donjon et rejoindre le départ.

Variante : En **1**, prendre à droite et rejoindre le circuit en **6**.

Maison de l'Ange.

Dans la vieille ville

Place forte des Marches de Bretagne, le château est édifié sur une butte de schiste et de grès ferrugineux. Mais parlons plutôt des châteaux, puisqu'ils sont deux dans la même enceinte : l'un date du XIe siècle et l'autre de la Renaissance. Du granit au tuffeau et du schiste à la brique, la visite traverse les siècles et les styles. Si la vieille ville a perdu ses remparts, elle conserve les vestiges des portes qui la protégeaient. Les rues Basse et de Coueré présentent des exemples de demeures anciennes : d'étroites bâtisses en pierre, qui, pour les linteaux de leurs ouvertures, alternent souvent le schiste et le chêne, et des maisons à colombages, comme la Maison de l'Ange, datant du XVe siècle.

La chapelle Glain.

étangs et calvaires

13 km • 3 h 15

Localisation

Saint-Aubin-des-Châteaux à 58 km au nord-est de Nantes par la N 137 - N 171 (Châteaubriant) et par la D 40.

Accès au départ

Parking au plan d'eau du Bas-du-Tertre.

Jaune.

Sentier inondable et réservé exclusivement aux piétons autour de l'étang de la Hunaudière.

A voir

- Village de la Grippais.
- Chapelle Saint-Eloi.
- Site des forges de la Hunaudière (XVIIe s.).
- Chapelle des Templiers (XIIe s.).

A faire

• Tour de l'étang de la Hunaudière • Le moulin du Pont, 02 40 28 95 51 • Les anciennes forges de la Hunaudière.

La quiétude de la campagne parmi les sous-bois, les étangs et les villages typiques en pierre de pays.

Maison de maître.

au fil du parcours

En sortant du plan d'eau, prendre à gauche avant la route et traverser le bois en bifurquant à droite. Couper la D 34 et continuer vers Louisfert puis prendre à droite vers le Moulin-Neuf. A une intersection en T, tourner à droite vers Frény, et traverser tout droit le sous-bois. Longer la Chère.

1 A Haute-Rive, emprunter à droite la passerelle et tourner aussitôt à droite pour rallier la Grippais. Après le village, tourner à gauche et continuer tout droit jusqu'à l'Arche. Au calvaire, prendre à droite vers le Goudais.

Etang de la Hunaudière.

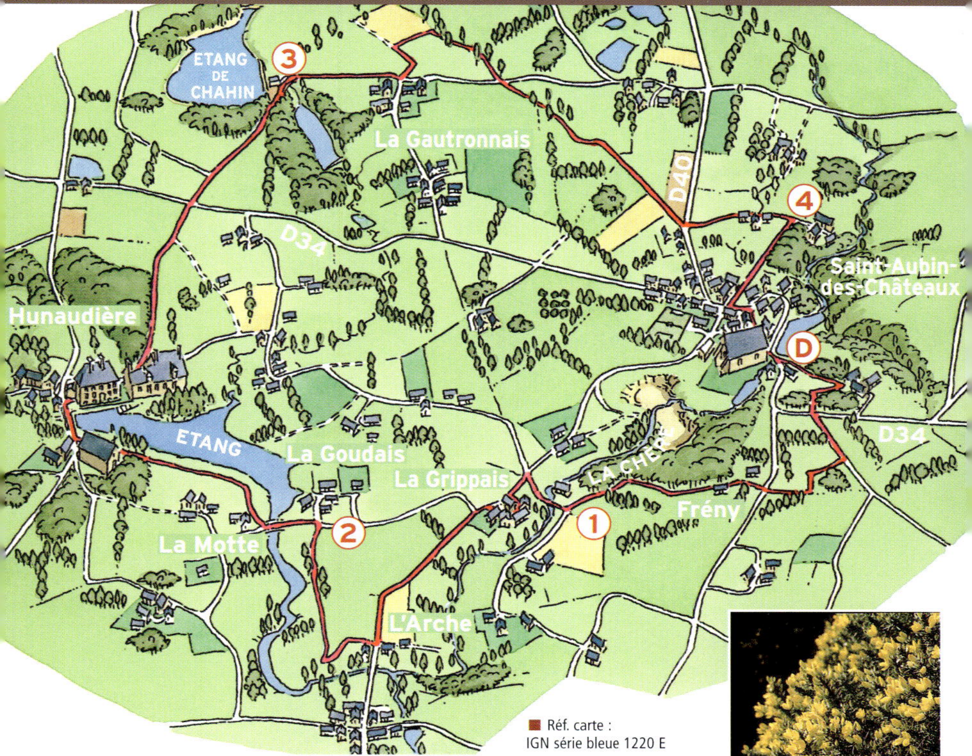

■ Réf. carte :
IGN série bleue 1220 E

Ajoncs d'Europe.

2 Avant le village, tourner à gauche entre deux champs. Franchir la Chère jusqu'à la Motte et, à la sortie, prendre à droite pour longer l'étang de la Hunaudière. Dépasser la chapelle Saint-Eloi, tourner à droite et encore à droite devant la maison du Maître-des-Forges. Remonter à gauche et, à la ferme, prendre à droite. 200 m plus loin, tourner à gauche et bifurquer à gauche. Traverser la D 34 et, 100 m plus loin, prendre le chemin en face.

3 Après l'étang de Chahin, partir à droite vers la Gautronnais. A la sortie, tourner à gauche puis premier chemin à droite et encore à droite plus loin. A la route, continuer le chemin d'exploitation, passer devant un calvaire et s'engager dans le chemin creux. Traverser la D 40 vers le Plessis.

4 Tourner à droite avant le château et longer le bois. A la D 4, rejoindre à gauche le bourg, contourner l'église pour visiter la chapelle des Templiers. Remonter place Jeanne-d'Arc, descendre à droite la rue du Bois-de-Jeux. Tourner à droite, passer à gauche de la glissière en bois et rejoindre, par les marches, le plan d'eau.

LE SAVIEZ-VOUS

Dans le village de la Grippais, les angles des maisons sont arrondis ! Cette pratique permettait aux bovins de passer dans le village sans se blesser.

Mémoire des forges et des forgerons

Ouvertes en 1630, les forges de la Hunaudière furent les dernières à éteindre leurs fourneaux en 1884. Elles produisaient du lest pour les bateaux, des clous, des fers à repasser ou encore des barres de fer pour les maréchaux-ferrants. Des ateliers, il reste une cheminée d'affinage et les ruines d'une fenderie. Les maisons des ouvriers sont toujours là, à l'intérieur du village, et les maisons des maîtres du XVIIIe siècle se mirent dans les eaux de l'étang. Une chapelle du XVIIe siècle est dédiée à saint Eloi, le patron des forgerons.

CIRCUIT **41**

Le Haut-Pays

14 km • 3 h 30

Localisation

Fercé à 10 km au nord de Châteaubriant par la N 137 - N 171 (Châteaubriant) puis la D 4.

Accès au départ

Parking, place Saint-Martin devant l'église.

Bleu.

A voir

- Point de vue « La Vallée du Semnon ».
- Manoir de Javardan (XIXe s.).
- Pavillon Saint-Hubert et site de l'ancienne verrerie.
- Four à pain.
- Croix biface (XVIe s.).

A faire

- Point culminant du département, 116 m.
- Visite de l'église Saint-Martin et Monument commémoratif des parachutages.

Sur le plateau de Javardan, un sentier très nature à travers la forêt, encadré des vallées du Semnon et de la Brutz.

Forêt de Javardan.

au fil du parcours

Contourner l'église et s'engager route de Noyal-sur-Brutz. Passer devant l'étang du Bois-Péan, puis tourner à gauche vers la Lipanière. Après la ferme, prendre le chemin de droite, puis celui de gauche à la fourche suivante. Traverser la route de la carrière, continuer en face et bifurquer à droite, 250 m plus loin. Contourner le manoir de Javardan par la droite et emprunter tout droit le chemin forestier jusqu'aux Feuillages.

1 A la Houdière, emprunter à droite le chemin d'exploitation, descendre le sentier schisteux, traverser le ruisseau d'Anguillée et tourner à droite à la petite route.

2 Au village du Haut-Pays, prendre le chemin à droite face à la ferme. 100 m après le ruisseau, bifurquer à gauche et longer la forêt. A sa sortie, tourner à droite vers le point culminant du département (116 m). Prendre à gauche 200 m plus loin.

Pont des Perrières.

3 Tourner à droite et continuer tout droit vers le Vertonnay.

4 En arrivant à la route, suivre tout de suite le chemin à droite. A sa sortie, s'engager à droite vers la Renaudelière et, 50 m plus loin, tourner à gauche. Un peu plus loin, bifurquer à droite et suivre le sentier jusqu'au terrain de moto cross. Prendre à droite et continuer tout droit vers Brideul. Traverser la route et poursuivre le chemin jusqu'à la D 41.

5 Tourner à droite et remonter la D 41 jusqu'à l'église de Fercé en passant devant le cimetière.

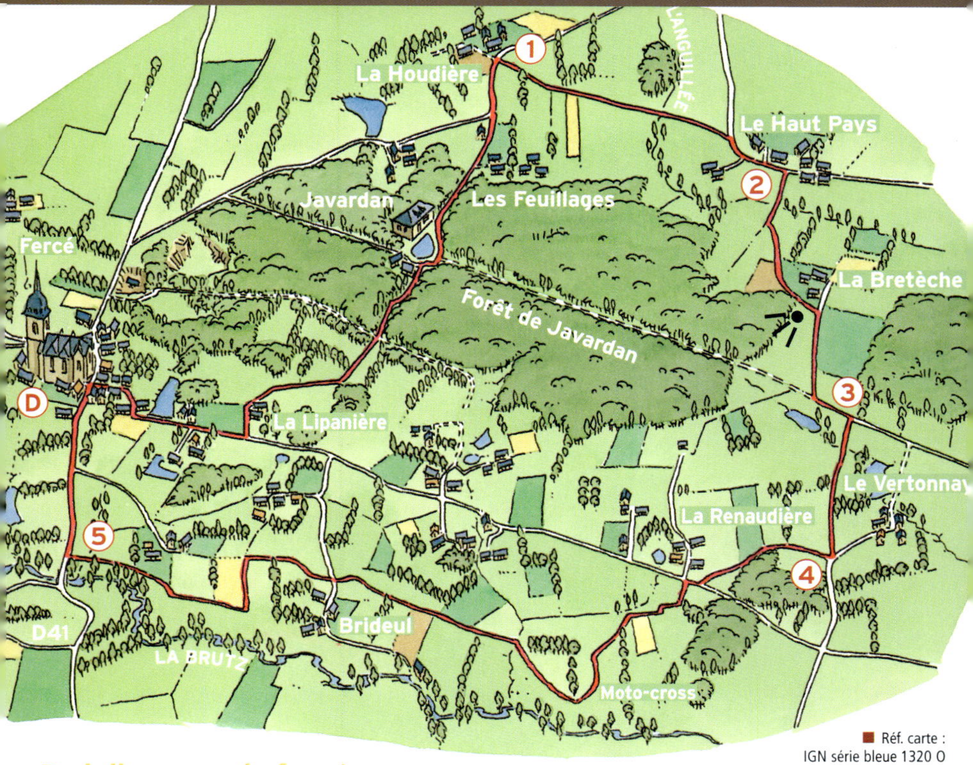

Réf. carte :
IGN série bleue 1320 O

Du joli « verre de fougères »

Répertoriée sous le nom de *Fertiacum* au XIIe siècle, Fercé exploita probablement le minerai de fer. Puis, c'est le verre qui la rendit célèbre, du milieu du XVIe siècle au XIXe. La forêt fournissait le combustible nécessaire et le bois de Javardan fut le site choisi pour établir une verrerie. Sable, chaux et salpêtre provenaient des régions voisines et permettaient de fabriquer le verre à vitre, mais aussi des bouteilles, biberons et autres récipients, bocaux et pommadiers pour les apothicaires. Riches en potasse, les cendres de la fougère lui donnaient une teinte vert clair ; on le nommait le « verre de fougères ». A partir de 1950, une tout autre production de Fercé fut celle du grès armoricain, concassé dans la carrière de la Grée. Épuisé, le site ferma en 1980.

Carrière des Grés.

Forêt de Javardan.

Randonneurs le long de l'Erdre.

La campagne

BOCAGES, prairies, chemins creux, sous-bois, pâturages… Se promener en Loire-Atlantique revient aussi à ouvrir les yeux sur un paysage que l'on aurait tendance à oublier, et qui recèle pourtant une multitude de richesses. Serait-il négligeable de trouver plaisir dans la simplicité que procurent les paysages de campagne ? Passer un ruisseau à gué, surprendre une touffe de primevères, voir détaler les lapins de garenne aux lueurs du petit matin. Tendre l'oreille au chant du coucou, s'attarder devant un troupeau de belles vaches laitières et emplir ses narines de la bonne odeur de la terre humide qui suit l'averse. Guetter l'arc-en-ciel et trouver joli le ciel plombé qui coiffe la colline. Des plaisirs simples, la campagne en cache plus d'un derrière ses bosquets.

Un four à pain, un moulin, un puits, une fontaine… les pierres racontent discrètement le passé et la vie de ses habitants. À chacun de prendre le temps, de toucher le granit ou de lever les yeux, d'échanger avec les habitants qui, mieux que personne, connaissent l'âme de ce petit patrimoine caché.

Ferme dans la vallée du Don.

Si la Loire-Atlantique connaît une forte vocation maritime, l'agriculture fait partie de ses racines. Développée au Moyen Age par les premiers moines qui cultivèrent les terres, elle grandit au XIXe siècle comme l'illustre, par exemple, la création d'une école agricole à Nozay. L'élevage est son activité majoritaire. Vaches à

Petit pont en pierre.

Vaches.

Forêt à l'automne.

lait, vaches à viande : il suffit de se rendre chaque mercredi matin au foirail de Châteaubriant. Mais les promenades en campagne parlent d'elles-mêmes. Les hameaux sont un livre d'histoire et de traditions sur la vie de la ferme d'autrefois. Les logis, même s'ils sont de plus en plus souvent restaurés, laissent deviner, au rez-de-chaussée, l'unique pièce

Etang de l'Abbaye de la Meilleraye-de-Bretagne.

habitable, une caractéristique du bâti rural de l'ouest de la France. Des dépendances y sont accolées et le bâtiment devient longère. Selon les régions et les cultures, les agencements diffèrent : un cellier pour le vigneron du sud de la Loire et un grenier pour les céréales du paysan installé au nord.

Des secrets et des plaisirs simples, la campagne en cache plus d'un derrière ses bosquets.

CIRCUIT **42**

Sentier de l'Abbaye

Vierge à l'Enfant.

10 km • 2 h 30

Localisation

La Meilleraye-de-Bretagne à 45 km au nord de Nantes par la D 178.

Accès au départ

Parking de l'école publique, 96, rue des Frères-Templé (D 178).

Jaune.

Sentier inondable en hiver.

A voir

- Lavoir • Croix de bois.
- Abbaye de Melleray (XIe s.) et étang de l'Abbaye.
- La Vierge à l'Enfant.

A faire

Visite de l'abbaye, 02 40 55 27 35.

Un sentier agréable et varié tout au long, à travers un pays marqué par l'influence monacale.

au fil du parcours

Depuis le parking, passer entre les jardinières puis entre les haies et les jardins privés. Longer à main droite le terrain de tennis puis à main gauche le terrain de football. Emprunter le parking de la salle polyvalente, aller vers le parc des Lavandières en traversant la D 18. Passer devant la statue *La Vierge à l'Enfant*. Descendre vers les deux étangs. Laisser le deuxième étang à main gauche pour emprunter un chemin herbeux et ombragé.

1 Suivre ce chemin jusqu'au bout : il oblique à droite avant de déboucher sur une petite route. Prendre cette route à gauche. Passer devant la station d'épuration et, 300 m plus loin, prendre à gauche le chemin qui longe une peupleraie et débouche sur une route.

2 Prendre à droite, puis la route à gauche jusqu'au village du Bas-Ray.

3 Dans le village, prendre à gauche sur 1,3 km un sentier gravillonné et à la route prendre à gauche.

4 Tourner à droite et longer l'abbaye en traversant un bosquet de résineux.

Étang de l'abbaye.

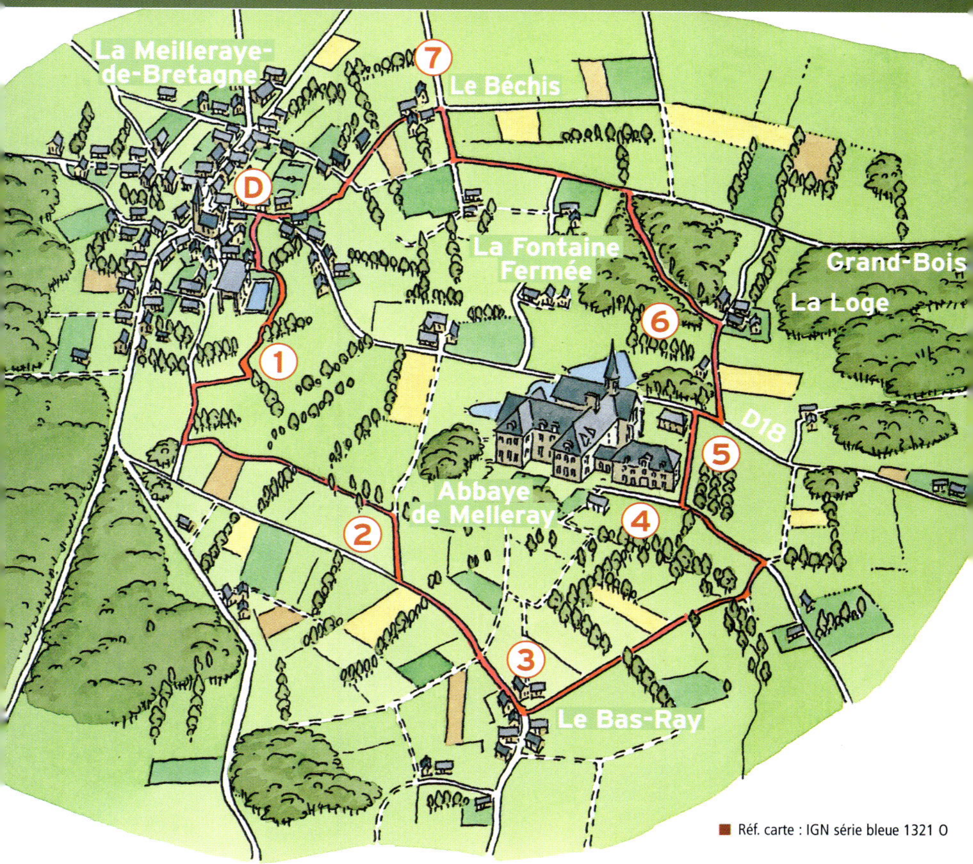

Réf. carte : IGN série bleue 1321 O

5 Prendre à droite la D 18 puis presque aussitôt à gauche.

6 Avant le village de la Loge, entrer à gauche dans le bois de la Fontaine-Fermée que l'on contourne tout au long par la gauche. Arrivé à la route, prendre à gauche vers le Béchis.

7 Traverser le Béchis et rejoindre La Meilleraye-de-Bretagne par la D 18. Remonter par le parking de la salle polyvalente.

Abbaye de Melleray.

Des agriculteurs confirmés

À l'abbaye de la Melleray commença le développement de l'agriculture dans le pays de Châteaubriant. Fondée par les premiers moines cisterciens au XIIe siècle, elle fut réhabilitée en 1817 par dom Antoine Saulnier de Beauregard, émigré de retour d'Angleterre, qui y installa une communauté de moines trappistes, français et britanniques. Il introduisit de nouvelles méthodes de labourage et de nouveaux outils révolutionnent la campagne en même temps que des fermes modernes s'installent. La machine à battre le blé a aujourd'hui disparu. Les moines de l'abbaye ouvrent la porte de leur hôtellerie. Consacrée en 1183, reconstruite et restaurée au fil des siècles, l'église abbatiale a conservé son plan cistercien. Elle se visite pendant les offices du dimanche.

CIRCUIT **43**

Les Hauts-Bois

10 km • 2 h 30

Localisation

Bonnœuvre à 5 km à l'ouest de Saint-Mars-la-Jaille par la N 23, sortie Couffé puis D 21.

Accès au départ

Parking, place de l'Eglise.

Jaune.

Sentier fermé en période de chasse et inondable en période de crue.

Prévoir

A voir

- Point de vue « La vallée de l'Erdre ».
- Le chêne aux clous.
- Pont du Moulin (1748).

A faire

- L'ancienne halle à charbon à Riaillé.

→ Aire de pique-nique au plan d'eau.

Entouré de vallons et de larges points de vue, un sentier de douceur au milieu de la forêt et de fraîcheur en bordure de l'Erdre.

Pont du Moulin.

au fil du parcours

Du parking, partir à gauche, direction Riaillé, et prendre à droite, rue des Mauvillons.

1 Au plan d'eau, s'enfoncer à droite dans la forêt. Suivre la trace principale. Au layon de la Touche-Ronde, prendre à gauche, puis à droite, ligne de Martignal.

2 A l'intersection avec le chemin de la Grande Balise, tourner à gauche et, de nouveau, prendre à gauche la ligne de l'Erdre, puis à droite le layon de la Glaise. Prendre ensuite à gauche la ligne de Fontaine-Marie et, encore à gauche, le layon du Ravin. Reprendre à droite la ligne de l'Erdre et couper la D 33. En face, longer la prairie pour rejoindre l'Erdre. Franchir la passerelle et tourner à droite.

3 A l'entrée du sous-bois, prendre à gauche pour revenir à l'Erdre.

4 Continuer tout droit et, dans le sous-bois, s'engager d'abord à droite puis à gauche et traverser le champ de peupliers. Franchir le pont du Bois-Marquis. Couper la D 33 et remonter dans la forêt. Arrivé en **1**, tourner à droite, traverser à nouveau la D 33 et longer la rive droite de l'Erdre. Au pont du Moulin, remonter à gauche, emprunter la rue du Moulin et rejoindre l'église à droite.

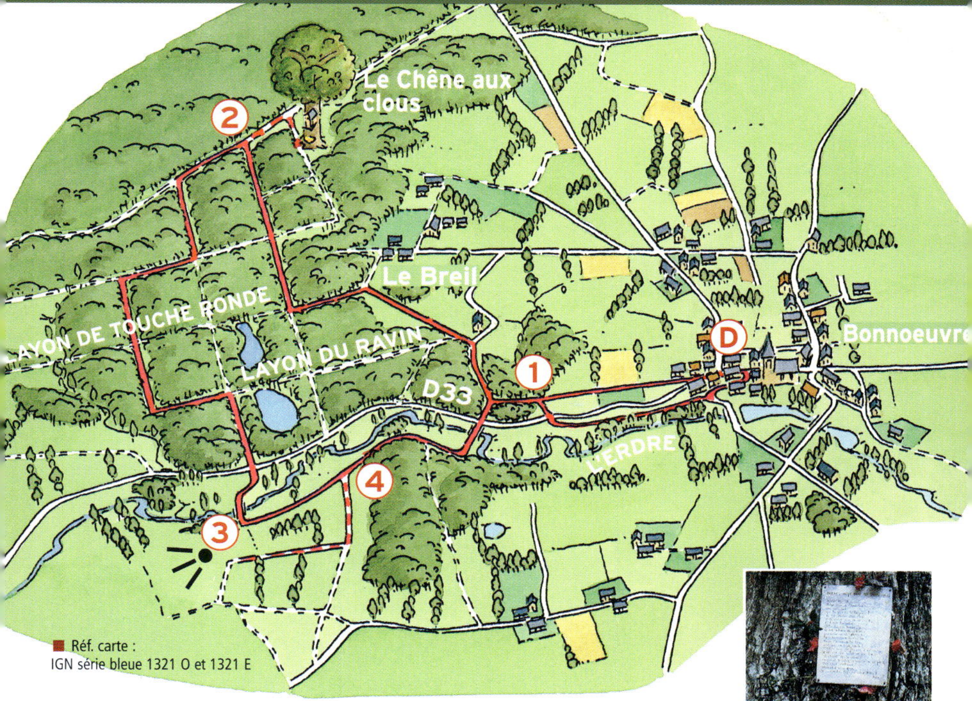

■ Réf. carte :
IGN série bleue 1321 O et 1321 E

Chêne aux clous.

Hors circuit : Le chêne aux clous ; en ❷ tourner à droite pour voir, à 450 m, le chêne aux clous.

Point de vue : En ❹, à l'étang, tourner à droite et une seconde fois à droite pour atteindre, à 750 m, le point de la croix des Hauts-Bois.

Le chêne aux clous

Dans la forêt de Saint-Mars-la-Jaille vit un chêne bien singulier. Rouvre, de son espèce, il se caractérise par des feuilles au bord découpé qui, mortes en hiver, restent souvent sur leurs rameaux. Jusqu'ici, rien d'extraordinaire. D'une circonférence de 3 m, il étend ses vieux bras nus car les feuilles ne poussent plus que sur sa cime. À la hauteur des premières branches, une niche abrite une statue de la Vierge et de son enfant. Mais, le plus inattendu est l'écorce de son tronc, plantée de clous !
La légende confère à cet arbre le pouvoir de conjurer les « clous », c'est-à-dire les furoncles. Il suffit que la personne souffrante fasse sept fois le tour de l'arbre et plante un clou pour que son mal disparaisse. Croyance populaire, liée à la léproserie qui se situait non loin de là, ou magie des moines du prieuré voisin, qui sait ? Seul le chêne pourrait conter la vérité.

Les moulins

Iris jaune.

10,5 km • 2 h 30

Localisation

Maumusson à 40 km au nord-est de Nantes par la RN 23 (Ancenis), la D 21 (Couffé) puis la D 22.

Accès au départ

Parking à l'étang de la Fontaine-aux-Merles.

Bleu.

A voir

- Moulins du Haut-Bois, du Poirier et du Bourg.
- Eglise (XVIIIe s.).

A faire

Pêche.

→ Aire de pique-nique à l'étang de la Fontaine-aux-Merles.

Une découverte agréable de la campagne aux paysages variés et de ses nombreux moulins.

au fil du parcours

A l'extrémité est de l'étang, prendre le chemin qui longe le ruisseau de la Morleyère. Ce chemin traverse deux fois le ruisseau avant d'arriver au lieu-dit « Le Pont-Jacquot ». Prendre la route à droite vers le bourg et passer devant l'église.

1 Prendre la direction de Belligné (D 22).

2 A 1 km, au lieu-dit « La Belletière », prendre le chemin creux sur la droite, puis suivre le chemin sur la gauche. Après 150 m, tourner à gauche, puis reprendre à droite sur 100 m une petite route.

3 Prendre le chemin à gauche, et prendre à droite la D 22 que l'on suit jusqu'au lieu-dit « La Maison-Neuve ».

Corneille.

4 Prendre la route sur la gauche, et continuer tout droit un chemin (dit « route du Sel »), qui débouche sur une petite route que l'on suit sur 300 m. Prendre alors le chemin à gauche.

5 Au centre du village de la Bougaudière, prendre le chemin sur la droite, puis à gauche au bout, et traverser au moulin du Poirier.

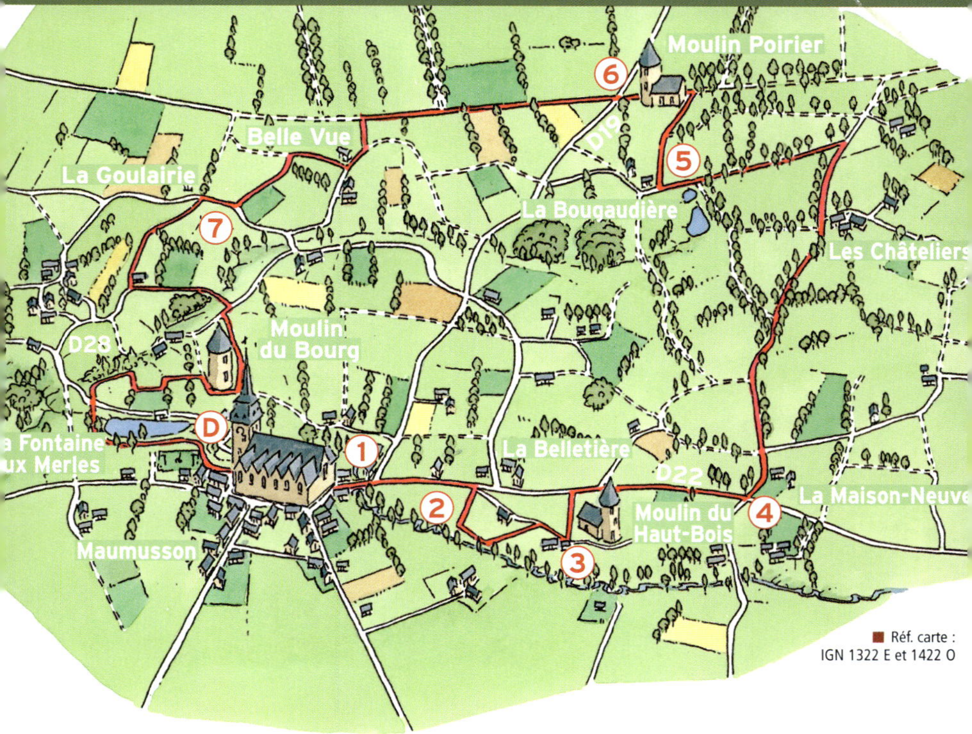

6 Traverser la D 19, prendre un large chemin - *ancienne voie romaine*. Prendre un chemin à gauche jusqu'à Belle-Vue. Continuer sur une petite route quelques dizaines de mètres et prendre un chemin sur la droite. Au bout de ce chemin, après une chicane, longer un champ et rejoindre un chemin creux menant au village de la Goulairie (route à droite).

Chapelle.

7 Après avoir traversé le village, prendre à gauche un chemin jusqu'au lieu-dit « Le Pâtis-Pellerin », puis reprendre un autre chemin à gauche ; passer sur un petit pont, rejoindre une petite route sur la droite puis sur la gauche. Monter au moulin du Bourg. Suivre sur la droite un chemin qui ramène à l'étang de la Fontaine-aux-Merles.

Du vent dans les ailes

Dans le moulin à vent, outil spécialisé dans la meunerie, les moines cisterciens trouvèrent bien d'autres usages. Vivant en autarcie dans leur monastère, ils l'utilisèrent pour fouler le drap, actionner des soufflets de forge, scier du bois… De tradition agricole, les coteaux de Maumusson comptaient cinq moulins à vent. Certains se sont écroulés avec les ans. L'un a perdu ses ailes mais s'est transformé en gîte d'étape.

Moulin du Haut-Bois.

La vallée du Don

Les landes.

Dans un paysage vallonné de prairies et cultures, des sentiers verts, parsemés de villages en schiste, s'ouvrent, entre les bois, sur la vallée du Don.

21 km • 5 h 15

VARIANTE 1 : 17,5 km • 4 h 20
VARIANTE 2 : 16 km • 4 h

Localisation

Guémené-Penfao à 60 km au nord de Nantes par la N 137 (Rennes), puis, D 164 (Blain-Redon).

Accès au départ

Place de l'Eglise à Guénouvry, par la D 125.

Jaune.

Passages dangereux pour les chevaux.

A voir

- Lavoir de Guénouvry.
- Chapelle des Lieux-Saints.
- Grotte Sainte-Anne.
- Voie romaine.
- Site du Grand-Pont-Veix.

A faire

Circuit de randonnée nautique en canoë sur le Don, Office de tourisme, 02 40 87 20 35.

au fil du parcours

De l'église, descendre route de Guémené-Penfao. Avant le lavoir, prendre à droite, rue des Sapins, encore à droite au carrefour suivant, puis à gauche vers le bois. Au calvaire, tourner à droite et à gauche 100 m plus loin. Longer le bois sur la droite. Emprunter la D 125 sur 300 m et tourner à gauche après la carrière.

1 A l'entrée du bois, remonter à droite vers la chapelle des Lieux Saints. La laisser sur la droite et descendre 50 m plus loin, à droite, vers la grotte Sainte-Anne. Après la grotte, bifurquer à gauche et suivre la vallée. A la route, remonter à droite, traverser le village du Tahun et emprunter le chemin d'exploitation à droite. A sa sortie, prendre la route à gauche sur 200 m.

2 Au calvaire, continuer tout droit. Prendre le premier chemin à gauche, puis bifurquer à droite vers la Jaunais. Dans le village, s'engager d'abord à gauche puis à droite vers l'étang de la Roche. Le longer par la gauche et, au bout, tourner à gauche. Au stop, prendre à gauche et, au chemin suivant, à droite puis tout droit.

Le Don.

3 Emprunter à droite la voie romaine jusqu'au Grand-Pont-Veix. Suivre à gauche l'allée du château et, à la sortie, tourner à gauche. Puis, s'engager à gauche vers la Chênaie-du-Don. Au stop, tourner à gauche et franchir le Don. Dépasser le village des Rivières et prendre le chemin à droite à l'entrée du bois.

■ Réf. carte :
IGN Série bleue 1121 E et 1221 O

4 Traverser le village de Tréguély.

5 S'enfoncer à droite dans le bois. A la route de la Vallée, tourner à gauche. Dépasser l'ancien moulin et l'étang et remonter vers Mézillac.

6 Avant le village, prendre le chemin à gauche. Puis, suivre à gauche la D 125 sur 300 m. A Bourlagot, prendre la route de Tréguély et, 200 m plus loin, emprunter à droite le chemin d'exploitation. A la route et au calvaire, reprendre à droite vers Guénouvry.

Variante 1 : En **2**, tourner à gauche et rejoindre **3**.
Variante 2 : A l'entrée du village de Tréguély, tourner à gauche pour rejoindre Guénouvry. Suivre le balisage jaune et rouge, puis jaune.

Pont Veix.

Une fée dans la vallée

Les légendes vont bon train dans la vallée encaissée du Don. Dans le bois de Juzet, celle de la fée Joyance s'est inscrite dans un rocher qui porte son nom. C'est à cette gracieuse créature que l'on attribue l'origine d'une voie pavée. Désireuse de voir le monde, elle parcourait la Bretagne et les hommes qu'elle rencontrait lui préparaient des chemins pour que son passage soit plus aisé. C'est à la vue d'un oiseau mort croisé en chemin qu'elle apprit que tel était le sort de tout être et, de désespoir, elle arrêta son périple à l'endroit du rocher, désormais appelé le rocher de la fée Joyance. Traversant le Don, à hauteur de Conquereuil, une voie très ancienne est bien réelle. Pavée, elle aurait été construite par les Celtes.

CIRCUIT **46**

Le Pirudel

Martin-pêcheur.

Un circuit magnifique le long des rives des ruisseaux du Pirudel et du Perche.

20 km • 5 h

VARIANTE : 4 km • 1 h

Localisation

La Grigonnais à 35 km au nord de Nantes par la N 137 (Rennes) puis la D 35.

Accès au départ

Parking, place de l'Eglise.

Jaune.

Sentier inondable en hiver par temps de pluie.

Prévoir

A voir

• Four à pain (1865) • Eglise • Puits • Pigeonnier • Soue.

A faire

Musée des Mines et des Minéraux à Blain, 02 40 79 19 83.

au fil du parcours

Face à l'école des Marronniers, passer devant le puits et le four à pain puis bifurquer à droite vers la mairie. Contourner le pigeonnier et, derrière la mairie, prendre à gauche. Au bout du chemin, tourner à droite puis à gauche 50 m plus loin. Longer l'étang sur la gauche et continuer vers la gauche. Traverser la N 171 et emprunter le chemin de la Chênaie puis tourner à gauche.

1 A la Baquetière, tourner deux fois à droite puis continuer tout droit.

2 Au carrefour, tourner à gauche et aussitôt à droite. Traverser un bois et longer le ruisseau du Pirudel. Au pont du Gué, rattraper les berges et continuer. Au bout du chemin, prendre à droite et repasser en **1**, puis prendre à droite.

3 Tourner à gauche avant le bassin d'épuration et suivre la rue des Lauriers puis celle de la Scierie.

4 Au carrefour de l'étang, prendre à droite.

5 A la D 35, tourner à droite puis à gauche aux Clusions. A l'intersection suivante, prendre à droite. Longer la D 35 sur 50 m et bifurquer à gauche. A la Roulais, tourner à droite puis à gauche avant le ruisseau.

6 A la deuxième passerelle, prendre à droite entre le ruisseau et la route. Franchir le pont et reprendre à gauche le long du ruisseau du Cep. Passer sous la N 171 et, à l'hôtel Cossard, tourner à droite.

7 Avant l'intersection, s'engager à droite dans un chemin. Bifurquer à droite et passer par les ponts de Blouzac et du Cep en longeant le ruisseau.

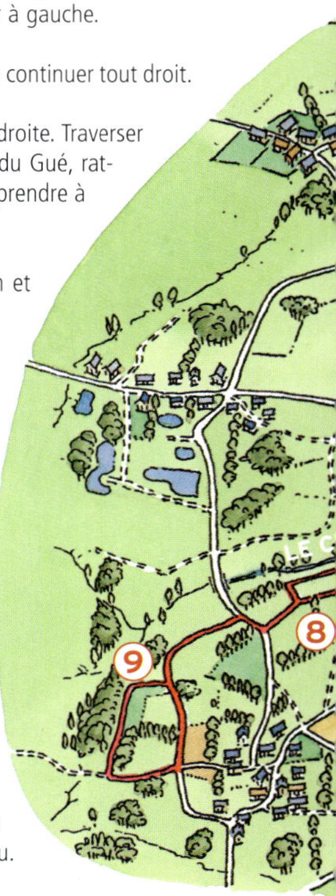

8 Après avoir quitté le ruisseau, suivre à droite le chemin d'exploitation ; prendre à droite la route sur 100 m et tourner à gauche.

9 S'engager à droite dans le sous-bois, longer le ruisseau du Perche et revenir vers la gauche avant la passerelle pour rejoindre le circuit en **8**.

8 Continuer tout droit par le chemin d'exploitation. A la route, prendre à gauche. Aux bâtiments d'élevage, tourner à droite puis prendre le premier chemin à gauche.

10 A l'intersection, s'engager en face et, au bout du chemin, bifurquer à droite dans le sous-bois. A la sortie, tourner à gauche puis à droite à la route et rejoindre le circuit en **4**. Longer l'étang par la gauche. Prendre à gauche avant les toilettes et remonter à droite vers l'église.

Variante : En **4**, prendre la direction de l'étang, le longer par la gauche sur 100 m, tourner à gauche puis tout de suite à droite et remonter vers l'église.

Le four à pain

Au cœur du bourg, le four date de 1865. Entièrement restauré à l'ancienne, en grave alluvionnaire de sable local, il est recouvert d'argile et de chaux, et d'une toiture d'ardoises. Il servait autrefois à la cuisson du pain mais aussi de toute la charcuterie, le porc constituant l'alimentation principale de l'époque. Ce four est intégré à un grand bâtiment rural, en pierre bleue de Nozay, qui abritait jadis une forge, une écurie, une grange et son fournil. A noter qu'il ne s'agit pas ici d'un four commun, car les propriétaires du bourg étaient suffisamment riches pour avoir des fours particuliers.

■ Réf. carte : IGN série bleue 1221 O et 1222 O

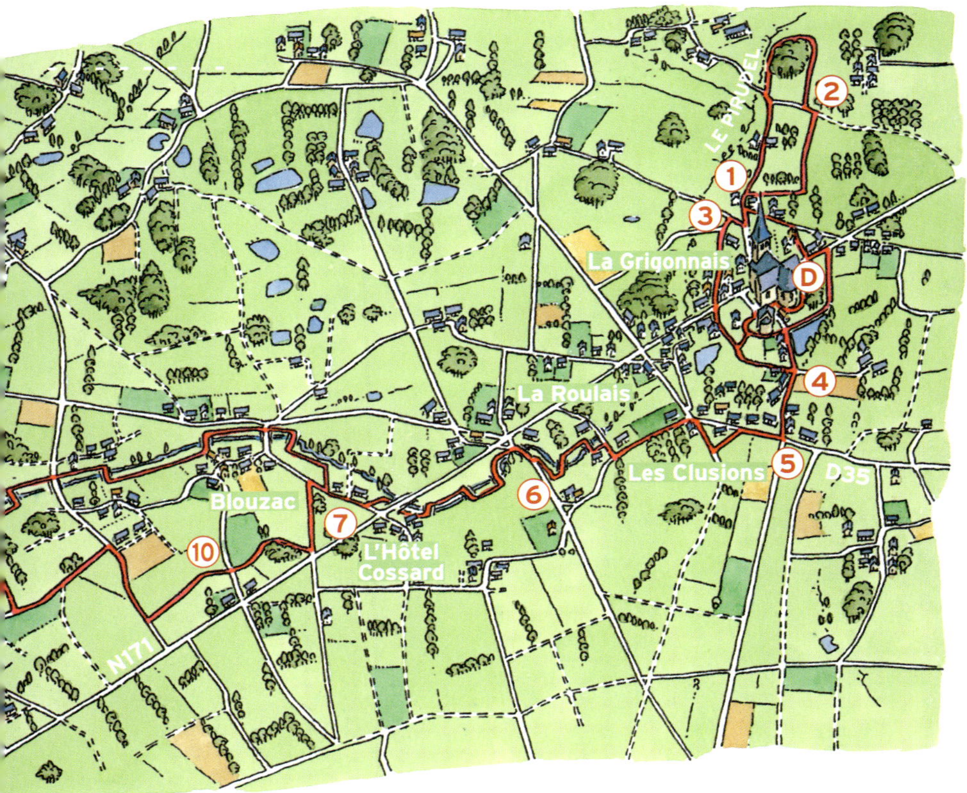

Les landes

22 km • 5 h 30

Localisation

Fay-de-Bretagne à 25 km au nord-ouest de Nantes par la N 137 (Rennes) puis la D 16 (Héric) ou par la D 81.

Accès au départ

Parking de l'espace Madeleine, route de Héric.

Rose.

A voir

- Chapelle Sainte-Madeleine (XIXe s.).
- Nombreux calvaires et croix.

A faire

Visite de la ferme de l'Orme à Saint-Omer-de-Blain.

Un grand circuit, où alternent une succession de petites routes empierrées, de chemins creux et de petits bois vallonnés, un paysage rural, riche et varié.

au fil du parcours

Prendre la direction de la gare en coupant la D 16.

1 A l'ancienne gare de Fay-de-Bretagne, prendre à droite la voie ferrée désaffectée. Traverser à nouveau la D 16.

2 Prendre à droite et continuer par une succession de chemins ruraux ombragés et de routes stabilisées. Franchir un premier carrefour (croix) et, au deuxième carrefour, prendre à gauche la D 81 puis, aussitôt à droite, le chemin jusqu'à la prochaine route goudronnée.

3 Suivre cette route sur 100 m, et la quitter pour prendre complètement à droite la direction de la Billiais-de-la-Joue.

4 A la Billiais-de-la-Joue, prendre à droite un sentier à travers bois puis un chemin creux.

5 A la Guilloterie, prendre à gauche une route de village vers la D 15 qu'on franchit. Poursuivre tout droit sur 3 km jusqu'à la Bassais.

Les landes.

■ Réf. carte : IGN série bleue 1122 E et 1222 O

6 Au centre du village de la Bassais, prendre à droite une route empierrée, puis une succession de bois vallonnés le long d'un ruisseau et de chemins creux jusqu'à la D 90 qu'on suit à droite sur 300 m.

7 Prendre alors à gauche un chemin stabilisé, puis creux, puis à nouveau stabilisé. Après le village d'Herpion, prendre à droite pour revenir vers le bourg et l'espace Madeleine en passant par Chevautreil, le chemin des Morts et sa croix en granit, puis la rue du Petit-Bal.

Une campagne parsemée de croix

Sur les 76 calvaires recensés sur la commune, 35 sont des calvaires à croix pattée curviligne et 40 sont latins. Le dernier est le seul à posséder une croix celtique. Anciennes pour la plupart, ces croix sont en granit, extrait des proches carrières de Vigneux-de-Bretagne.

Les chemins creux

Pont du Tertre.

13,5 km • 3 h 20

Localisation

Casson à 25 km au nord de Nantes par la N 137 (Rennes), puis la D 326 (Grandchamp-des-Fontaines) et la D 26.

Accès au départ

Parking du terrain de football ; du bourg, prendre la D 26 (Nort-sur-Erdre).

Vert et jaune.

En période humide, sentiers boueux.

Prévoir

A voir

• Château du Plessis (privé, XVIIIe s.) • Pont du Tertre
• La chapelle Sainte-Anne et l'église Saint-Louis (XIXe s.).

A faire

Balade le long du ruisseau des Vallées jusqu'à la Loire.

Une succession de chemins creux, très ombragés, au cœur de la campagne.

au fil du parcours

Longer le terrain de football et tourner à droite puis à gauche.

1 Au village de Launay qu'on laisse à droite, suivre un chemin goudronné sur 300 m environ

2 Puis prendre à droite jusqu'à la route goudronnée vers le village des Prouveries. Juste avant le village, prendre à droite une route goudronnée qu'on suit sur 250 m environ. Prendre à gauche un chemin de terre et, après la Galmondière, prendre tout droit un chemin creux puis à gauche la route goudronnée jusqu'à la D 37. La prendre à droite sur 150 m, puis emprunter à gauche un chemin de terre. Traverser la route goudronnée pour rejoindre la Prée-Neuve.

Les chemins creux.

3 Au moulin Grimaud, près du panneau « Grandchamp », prendre à droite un large chemin de terre. On laisse un étang à gauche. Au village de la Pommerais, prendre un chemin en herbe en biais sur la droite. Traverser la D 26. En face, suivre un large chemin herbeux tout droit jusqu'au Champ Jouan. Laisser le village à gauche et suivre un chemin creux qui coupe la D 37 au niveau du village Les Glands.

4 600 m après le village, prendre à droite. Passer le lieu-dit « Bécassine » et, en face, suivre un chemin empierré qui débouche au Tertre.

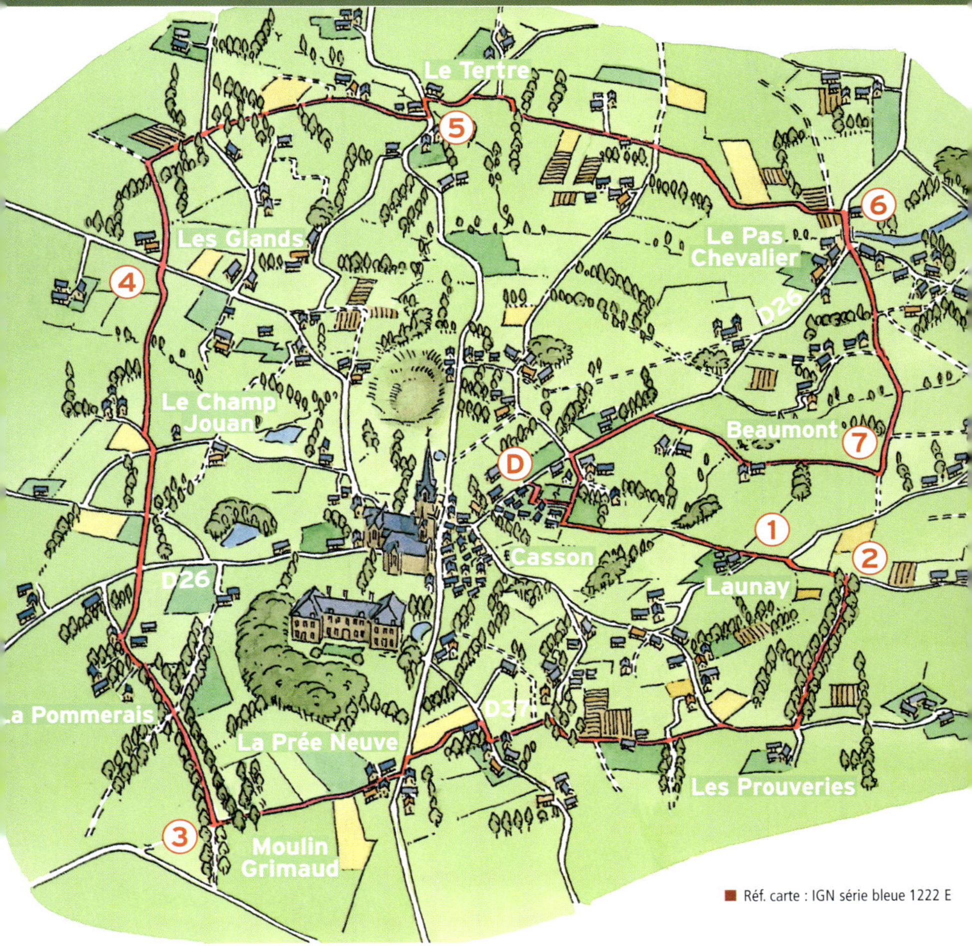

■ Réf. carte : IGN série bleue 1222 E

5 Prendre à gauche, puis à droite, vers le Pas-Chevalier.

6 Au stop, prendre à droite et continuer sur 200 m. Traverser le pont et prendre en biais à gauche un chemin de terre que l'on suit sur 800 m.

7 Prendre à droite vers Beaumont et poursuivre jusqu'à la D 26 qu'on emprunte alors à gauche. A l'intersection suivante, prendre à gauche puis à droite pour rejoindre le point de départ.

Plaisirs champêtres

Dans la campagne bocagère de Casson, les promenades s'enfoncent dans les chemins creux, des sentiers nés de la main de l'homme. Utilisés comme lieux de passage du bétail, ils permettaient à l'eau de s'écouler, en hiver. De nombreux chênes balisent ces sentiers. Rien d'étonnant à ce que l'on attribue l'origine de Casson à cet arbre, appelé *casnus* à l'époque romaine…

LE SAVIEZ-VOUS

Casson a une particularité étonnante. Les combles de son église abritent une colonie rare de chauves-souris (grand murin) et sont classés Zone naturelle d'Intérêt écologique, floristique et faunistique.

Entre Gesvres et Cens

Pont aux Ducs.

Un circuit champêtre en pleine nature, pour découvrir la faune et la flore en toute quiétude sous le champ mélodieux des oiseaux.

16 km • 4 h

Localisation

Vigneux-de-Bretagne à 20 km au nord de Nantes par la N 165 (Saint-Nazaire) puis la D 81.

Accès au départ

Parking Jules-Verne, dans le village de la Pâquelais.

Jaune et blanc.

A voir

- Pont en pierre.
- Pressoir à pommes.
- Château de Buron.
- La Faverie-du-Buron.
- Moulin à vent du Loup Pendu.
- Pont aux Ducs.

A faire

- L'Ecomusée rural, 02 40 57 14 51.
- Golf de Nantes, 02 40 63 25 82.

au fil du parcours

Sortie du bourg par la D 42, en direction d'Orvault sur environ 300 m jusqu'à la Rivière-du-Moulin.

Violette des bois.

1 Prendre le sentier à gauche vers la Rivière-du-Moulin, puis Valais.

2 A la sortie de Valais, prendre à gauche vers le bois Macé. Rejoindre la Fouchaisière après avoir traversé la D 42.

3 Le sentier passe à La Métairie-du-Buron, longe le golf en direction de la Favrie-du-Buron. Prendre à droite vers la Rimbertière.

4 A la Rimbertière, prendre à gauche sur 200 m, puis le chemin à droite dans le village, en direction de Bel-Air.

5 Prendre à gauche vers les Beauchets puis à droite vers le Brossais.

6 Au Brossais, traverser le Gesvres sur un petit pont.

Pont du Gesvres.

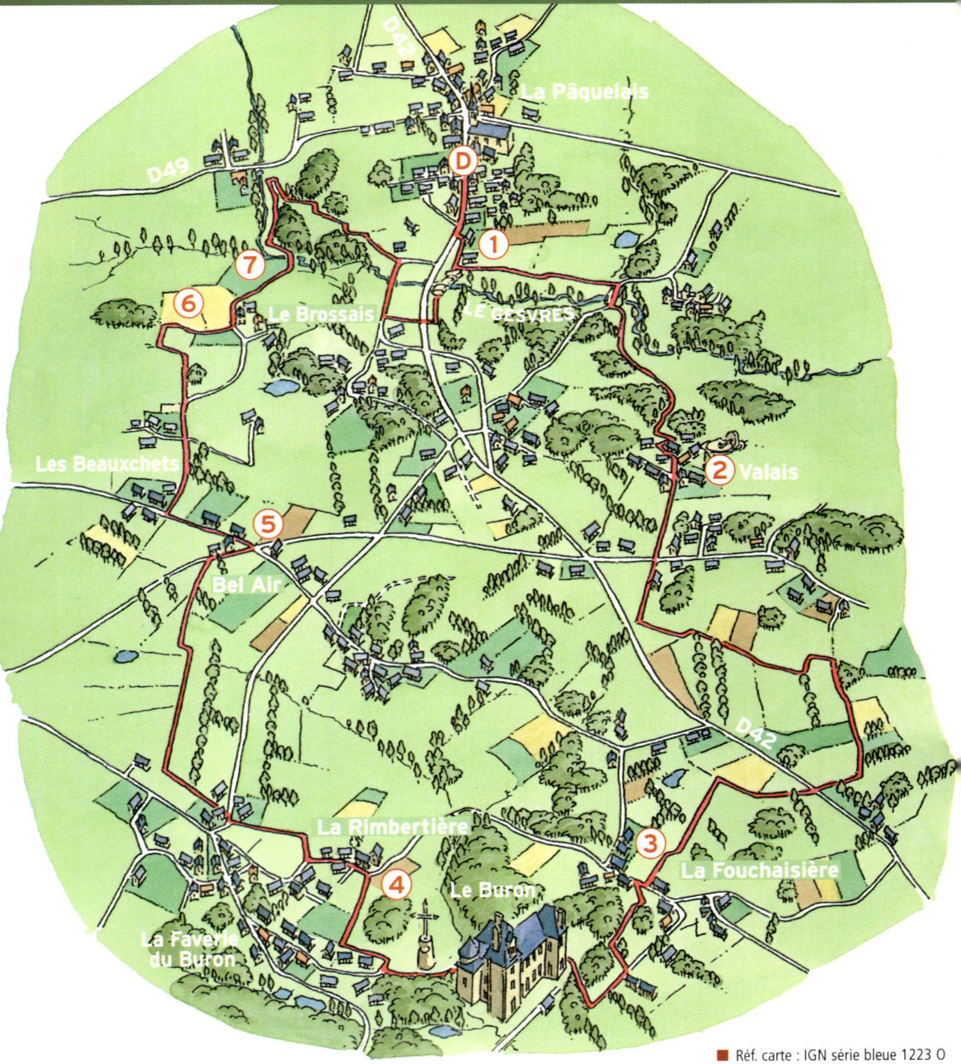

Réf. carte : IGN série bleue 1223 O

7 Après le pont, prendre à droite le chemin pentu et encaissé qui longe le bois de la Herse. En haut de la vallée, suivre à droite le sentier qui ramène au centre de la Pâquelais, en passant sous la D 42 - *Voir le pont aux Ducs.*

D'une rive à l'autre

Traversée par les deux affluents de l'Erdre, le Cens et le Gesvres, la commune possède de larges ponts de pierre qui comportent généralement deux forts piliers soutenant une triple rangée de blocs de granit. Sur le Gesvres, le pont aux Ducs est le plus ancien et le plus long. Cette chaussée de 40 m de long date de 1330. L'histoire, empreinte de légende, relate que la duchesse Anne de Bretagne aurait emprunté ce pont pour fuir son tuteur, le maréchal de Rieux, qui cherchait à l'enlever pour la marier de force avec un seigneur.
Point de vue : La vallée du Gesvres

La vallée du Gesvres

10 km • 2 h 30

Localisation

Treillières à 10 km au nord de Nantes par la N 137 (Rennes) puis la D 537 ou la D 49.

Accès au départ

Parking de la Poste, place du Champ-de-Foire.

Bleu.

• Prudence lors de la traversée des routes.

• Sentier uniquement pédestre de 5 au château du Haut-Gesvres.

A voir

• Point de vue « Le Gesvres et sa digue ».
• Ancienne gare • Manoir du Haut-Gesvres (XIXe s.)
• Digue (XVIIe s.) • Moulins.

A faire

L'Escargoterie, découverte et dégustation, 02 40 70 07 20.

→ Aire de pique-nique.

De l'ancienne voie ferrée à la vallée du Gesvres, un paysage varié où bosquets et prairies alternent naturellement.

Le Gesvres.

au fil du parcours

Du parking, prendre la rue du Champ-de-Foire et tourner à droite à la première petite route (ancienne voie ferrée). Traverser la rue de Grandchamps et continuer sur le chemin en face. Passer devant l'ancienne gare. Traverser la D 537 et continuer le long de la voie ferrée. Descendre vers la D 49 et à nouveau prendre en face. Passer sous le pont de la route de la Rinçais.

1 400 m après le pont, tourner à droite, puis à gauche au bout du village de la Barre.

2 A la station d'épuration, bifurquer à droite.

3 Emprunter à gauche le pont sur le Gesvres.

Chapelle des Dons.

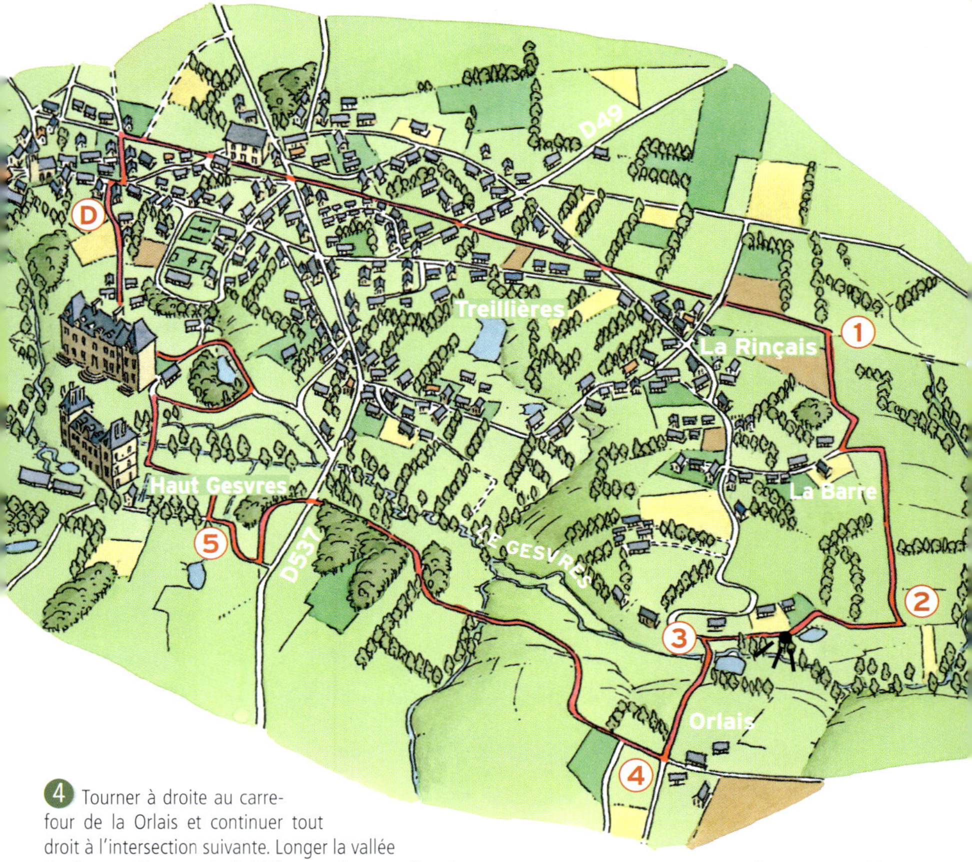

4 Tourner à droite au carrefour de la Orlais et continuer tout droit à l'intersection suivante. Longer la vallée du Gesvres. Traverser la D 537 et continuer en face. Longer l'aire de pique-nique et, au stop, tourner à droite. Suivre la route sur 300 m.

■ Réf. carte : IGN série bleue 1223 O et 1223 E

5 S'engager à droite dans le bois et descendre à nouveau à droite aussitôt, puis à gauche pour suivre le tracé du sentier. Avant le manoir de Haut-Gesvres, prendre à droite, franchir la passerelle. Emprunter un large chemin passant devant l'ancien potager clos de mur (sur la gauche). Suivre le chemin, puis prendre à droite le sentier conduisant à une grille. La franchir et suivre le parcours sportif jusqu'à l'étape 6. Là, tourner à gauche. Admirer le château du Haut-Gesvres et reprendre à droite vers la digue de l'étang. A la route, tourner à gauche. Suivre cette route, passer devant le collège et rejoindre la poste.

La vallée du Gesvres

Né à Vigneux-de-Bretagne, le Gesvres descend rejoindre l'Erdre à la Jonelière, après une course tranquille de 26 km. Pas de monotonie dans sa vallée. Un sentier escarpé qui épouse le relief, monte et surplombe le ruisseau, descend et se jette à ses pieds. De multiples essences d'arbres ont pris racine dans le sous-bois, dont l'un des plus vieux châtaigniers du département âgé de plus de 800 ans. Pas moins de six espèces de chêne et une flore très variée. Hérons, grenouilles, écrevisses, rongeurs, truites… diverse mais discrète au grand jour, la faune se laisse surprendre à la tombée du soir. Des ponts, enfin, mais aussi un viaduc de 18 arches, d'une hauteur de 12 m, et les ruines d'un moulin à eau.

Circuit de la fontaine

15 km • 3 h 45

VARIANTE : 10 km • 2 h 30

Localisation

Saint-Père-en-Retz à 45 km à l'ouest de Nantes par la D 723 (Saint-Brévin-les-Pins) puis la D 58.

Accès au départ

Place de l'Église.

Jaune.

A voir

- Lavoir (1871-1872).
- Butte Sainte-Opportune.
- Moulin de l'Estunière.
- Château de la Vinais.

A faire

La maison du Lavoir et le conservatoire des Vieux-Métiers, 02 40 21 72 17.

De larges chemins ombragés sillonnent une campagne agricole, aux panoramas étendus.

Maison du Sud-Loire.

au fil du parcours

Prendre en face de l'église la rue Gloriette, puis à gauche. Passer devant le lavoir et le musée et, à la butte Sainte-Opportune, tourner à droite vers Saint-Michel-Chef-Chef. Emprunter aussitôt à droite le chemin Sainte-Opportune, longer le conservatoire des Vieux-Métiers, tourner à gauche, puis prendre à droite le chemin ombragé. Laisser le plan d'eau sur la droite. A la route du Pont-Neuf, continuer vers Paimbœuf et dépasser le marais Gautier.

1 A l'élevage de l'Epine-Gautier, prendre à gauche et continuer tout droit le chemin gravillonné.

2 Bifurquer à gauche, et dépasser le village de la Pichonnais. A la Crétusière, prendre à gauche et, en continuant tout droit, rejoindre la route pour la traverser.

3 A la Grutière, tourner à droite et aussitôt à gauche, devant le hangar. A la Virée, prendre à droite vers la D 114. Longer celle-ci, à gauche, sur 100 m et emprunter le chemin à droite. Au bout, tourner à droite et continuer tout droit. Traverser le Bois-Clair et la D 86 et se diriger vers les Quatre-Chemins.

4 Tourner à droite, suivre la route et traverser l'ancienne voie ferrée.

5 A l'embranchement de 5 voies, prendre la première à droite.

6 A la Noë-Morin, emprunter le chemin en face, franchir le ruisseau du Boivre et la voie ferrée, rejoindre tout droit le Grand-Ruaud et tourner à droite.

7 100 m plus loin, prendre le chemin légèrement à gauche, entre deux routes et, à la maison suivante, tourner à gauche, puis à droite, pour rejoindre la D 78. Au stop, prendre à droite et longer la D 78 jusqu'à l'église.

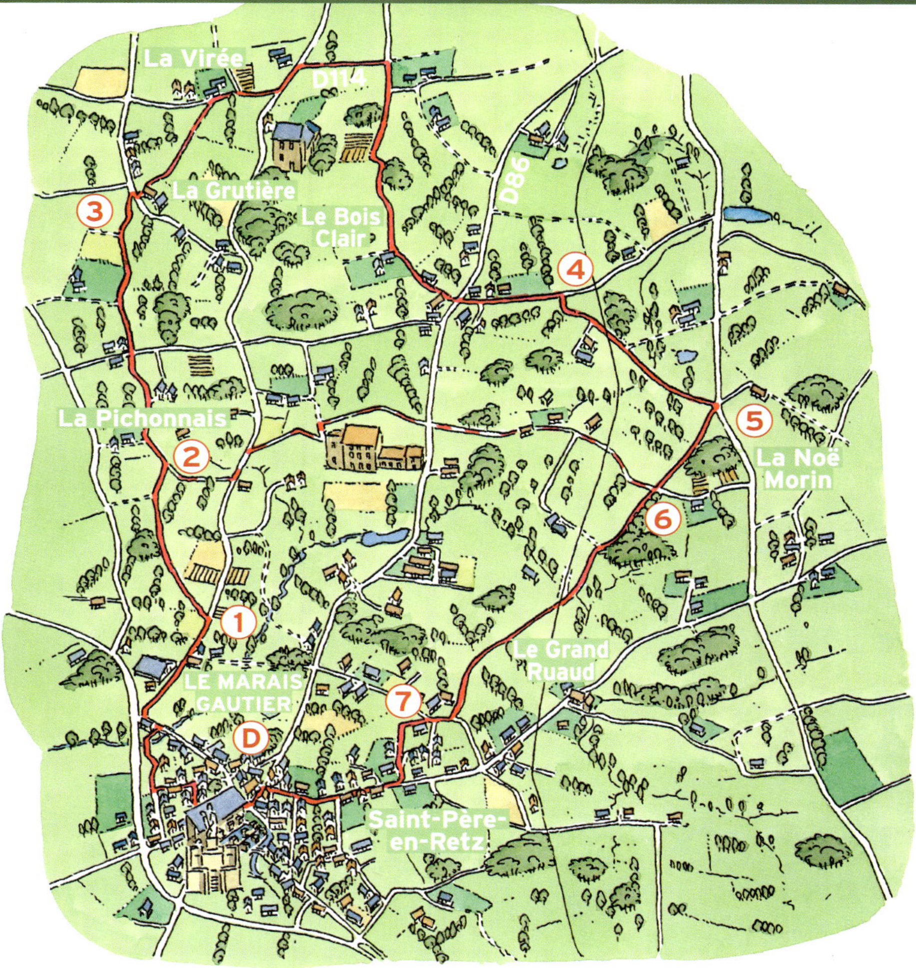

Variante : En ❷, tourner à droite et suivre le balisage jaune, pour rejoindre le circuit en ❻.

■ Réf. carte : IGN série bleue 1123 E et top 25 1123 OT

Détente au lavoir

A proximité du centre du bourg, le lavoir est alimenté par un ruisseau, le Grésillon. Construit au début des années 1870 sur un plan rectangulaire de 18 m de long, il est constitué d'un bassin maçonné en pierre de pays et de granit. L'ensemble est fidèlement restauré avec la plupart des matériaux d'origine. Plus de blanchisseuses ni de brouettes à claire-voie depuis 1960, mais le site a gardé son charme d'antan. A côté, la maison des Lavandières est un livre ouvert sur la vie passée de la commune.

Lavoir.

Les menhirs

Menhir des Platennes.

Du présent au passé, des vallons d'herbages et de cultures vous conduisent aux menhirs de Gargantua.

8 km • 2 h

Localisation

Chauvé à 40 km au nord-ouest de Nantes par la D 751 (Pornic), sur la D 5.

Accès au départ

Aire de pique-nique de la Pauvredrie, à 4 km de Chauvé, direction Saint-Père-en-Retz.

Jaune.

Sentier inondable en hiver.

A voir

Menhirs du Chevanou, des Platennes et de la Pierre-Le-Matz.

→ Aire de pique-nique.

au fil du parcours

Du parking, traverser l'aire de pique-nique et, à sa sortie, tourner à droite. Puis continuer tout droit sur un chemin qui traverse la Caillerie.

1 A mi-chemin entre la Caillerie et le Pas-Bosseau, bifurquer à gauche puis, à la route, tourner à droite et l'emprunter sur 300 m.

Menhir de Matz.

2 Prendre le chemin face au calvaire, tourner à gauche à l'intersection avant les Granges, et encore à gauche dans le village. A la dernière maison, prendre à droite et suivre le chemin d'exploitation. Au village de la Marlomière, tourner à droite et emprunter la route jusqu'à la Haute-Masserie.

3 Au stop, prendre à gauche, puis tourner à droite juste avant la dernière maison du village et continuer sur le chemin en face. Bien le suivre tout droit, ainsi

■ Réf. carte : IGN série bleue 1123 E et top 25 1123 OT

qu'à l'entrée du bois. A la Croterie, tourner à gauche vers le menhir du Chevanou. Puis se diriger vers le menhir des Platennes et tourner à droite. Arrivé à la route, prendre à gauche, laisser le menhir de la Pierre-Le-Matz sur la droite, et s'engager à gauche dans le chemin stabilisé. A l'intersection suivante en T, tourner d'abord à droite et aussitôt à gauche vers la Pauvredrie. Dans le village, tourner à gauche pour revenir à l'aire de pique-nique.

Empreintes préhistoriques

Attestant de la présence humaine à la période néolithique, de nombreux mégalithes parsèment la Loire-Atlantique, et plus particulièrement le littoral, le pourtour des marais et la vallée de la Loire. Dans le pays de Retz, Chauvé recèle plusieurs menhirs, des blocs de pierre dressés verticalement et soutenus par des pierres de calage, dont la signification reste toujours un mystère. Ils peuvent être isolés, comme le menhir de la Pierre-Le-Matz, ou regroupés comme celui de Chevanou situé à 100 m des trois grands menhirs des Platennes. Ces derniers mesurent entre 4 et 5 m.

Informations pratiques

Se renseigner

• **Comité départemental du tourisme**, 2, allée Baco, BP 20502, 44005 Nantes Cedex 1, Tél. 02 51 72 95 30. Internet : http://www.cdt44.com E-mail : info@cdt44.com

• Comité départemental de randonnée pédestre, 19, avenue du Clos-du-Cens, 44300 Nantes, Tél. 02 51 83 17 86.

• Comité départemental de cyclotourisme, 32, rue d'Aquitaine, 44115 Basse-Goulaine, Tél. 02 40 06 06 83 (Mme Beautru).

• Comité départemental de tourisme équestre, 3, rue Bossuet, 44000 Nantes, Tél. 02 40 48 12 27.

Les références pour la randonnée en Loire-Atlantique

En Loire-Atlantique, grâce aux communes et aux associations, des centaines de kilomètres de sentiers balisés vous permettent de découvrir la nature aux quatre coins du département. Quatre guides départementaux, mais aussi des topo-guides, des cartes et des brochures sont disponibles dans chacun des Pays et dans les Offices de tourisme. Ici, tout est fait pour vous accueillir et vous permettre de découvrir des sites naturels exceptionnels à votre rythme et selon vos goûts.

LES GUIDES DÉPARTEMENTAUX

• ***Balades à vélo en Loire-Atlantique***, CDT 1995 (mise à jour 2000) - Ed. Ouest-France.
• ***Chemins de nature en Loire-Atlantique***, CDT 2000 - Ed. Ouest-France.
Disponibles dans les librairies, maisons de la Presse, Offices de tourisme et au Comité départemental du tourisme.

LES GUIDES DE PAYS

• ***Les promenades au fil de l'eau***, dans l'agglomération nantaise, 2000 - Ed. Ouest-France, disponible à l'Office de tourisme de Nantes 02 40 20 60 00.
• ***Randonnées - Détours en Vignoble***, 1998, disponible dans les librairies et Offices de tourisme du secteur ou au Syndicat mixte du pays du vignoble Nantais 02 40 36 09 10.
• ***Randonnée en pays de Retz Atlantique***, coffret disponible dans les Offices de tourisme du secteur ou au pays de Retz Atlantique 02 40 21 80 40.
• ***Balades en pays d'Ancenis***, coffret disponible dans les Offices de tourisme ou au pays d'Ancenis 02 40 96 31 89.
• ***Balades en pays de Châteaubriant***, coffret disponible dans les Offices de tourisme et au pays de Châteaubriant et des Marches de Bretagne 02 40 81 40 82.
• ***Guide VTT - VTC*** 2000, 37 circuits dans le pays des Trois-Rivières et de Vilaine, disponible dans les Offices de tourisme du secteur et au Pays d'accueil des Trois-Rivières 02 40 79 16 65.
• ***La Sèvre Nantaise à pied***, FFRP 2000, disponible à l'Association de la Sèvre Nantaise 02 51 07 02 13.
• ***Du lac au Marais breton***, District de Machecoul, brochure disponible à l'Office de tourisme de Machecoul 02 40 31 42 87.
• A paraître : *Guide de randonnée en presqu'île guérandaise.*

AUTRE GUIDES

• *Le canal de Nantes à Brest - Guide du randonneur*, J. Clouteau - Ed. du Vieux Crayon.
• *De l'Anjou au Pays nantais à pied*, réf. P449, FFRP, 1997, dans les librairies et Offices de tourisme du secteur.

Les gîtes d'étapes et de randonnée

Les gîtes d'étapes sont des hébergements conçus pour l'accueil de randonneurs. D'une capacité de 12 à 25 places, ils sont situés dans des lieux agréables et vous pourrez vous organiser un week-end sympathique ou un séjour de quelques jours, en famille, entre amis ou en groupe et randonner en toute liberté, à pied ou à vélo. Les chambres sont avec 2, 4 ou 6 lits, les sanitaires communs, la cuisine et la salle à manger communes avec souvent une cheminée. Le coût est de 8 à 10 € par nuit et par personne.

> **Pour toute information complémentaire** (hôtels, chambres d'hôtes, campings...), demandez notre guide gratuit *Hébergements en Loire-Atlantique* au 02 51 72 95 30.

Commune et nom du gîte	Lits	Téléphone
Avessac, gîte de Painfaut	12	02.99.91.02.94
Bignon (Le), gîte de l'Epinay	20	02.40.78.75.19
Blain, gîte de la Chaussée	15	02.40.72.51.35
Châteaubriant	15	02.40.28.07.77
Chéméré, gîte de la Baronnerie	30	02.40.02.77.57
Derval, gîte de la Garlais	20	02.40.07.04.07
Donges, maison de la Nature	60	02.40.45.34.34
Fégréac, maison du Canal	9	02.40.91.24.96
Gétigné, village de Terbin	16	02.40.54.04.82
Guémené-Penfao, l'Hermitage	20	02.40.79.23.48
Guémené-Penfao, gîte de la Galottais	18	02.40.79.30.27
Guenrouët, La Touche-aux-Robins	14	02.40.87.64.94
Herbignac, Le Bignon-d'Hoscas	41	02.40.91.33.91
Marsac-sur-Don, gîte de la Roche	16	02.40.87.54.77
Nort-sur-Erdre, Le Moulin-de-Vault	18	02.40.72.10.49
Saint-Etienne-de-Mer-Morte, gîte de l'Errière	12	02.40.26.01.64
Saint-Lyphard, gîte de Kerhinet	15	02.40.61.92.42
Saint-Mars-du-Désert, Centre équestre	16	02.40.77.44.95
Touches (Les), gîte de la Cohue	19	02.40.72.45.23
Varades, gîte de la Mabiterie	16	02.40.98.33.03

RÉALISATION

Emmanuel Daurel, Jean-Pierre Arcille,
Réalisation des cartes et tracé des itinéraires

Laurence Vilaine,
Rédaction des textes touristiques et des encarts thématiques

Nicole Bain et Bernard Baguet,
Descriptif des balades et vérification technique des itinéraires

Violaine Tournier,
Recherche iconographique et bibliographique

Martine Gros,
Coloration des cartes

Jean-Pierre Arcille, Emmanuel Daurel et Jean Bourgeais,
Dessins et aquarelles

Philippe Caharel, Erwan Balança, Michel Brun, P. Kyriasis, Vincent Sarazin, Philippe Evrard, Bertrand Rivière, Brigitte Bonnet, Thérèse Parrart, CDT 44,
Photographies

Studio des Éditions Ouest-France,
Conception graphique et mise en page

Scann'Ouest, Rennes,
Photogravure

Kapp Lahure Jombart, Évreux (27),
Impression

Bertrand Hervo,
Édition

Mathias Maugard,
Conception et coordination du projet

REMERCIEMENTS

Ce guide est le fruit d'un travail collectif, coordonné par le Comité départemental du tourisme, et a pu être réalisé grâce au soutien financier du Conseil général de Loire-Atlantique. Nous tenons à remercier tout particulièrement :
Sandrine Bernard, Philippe Evrard, Christelle Mary du Comité départemental du tourisme pour leur précieuse et aimable collaboration dans la réalisation de ce guide de randonnée,
mais aussi : l'ensemble des communes pour leurs renseignements et leur engagement à préserver et à entretenir ces sentiers,
les associations de randonneurs représentées par le Comité départemental de randonnée pédestre pour la vérification des sentiers et les renseignements fournis,
les Pays touristiques de Loire-Atlantique,
toutes les personnes qui ont contribué de près ou de loin à la réalisation de cet ouvrage.

Édilarge SA, Rennes
ISBN : 2.7373.3090.4
Dépôt légal : mai 2002
N° d'éditeur : 4431.01.07.05.02